LINGUA ET TRADITIO · 12

LINGUA ET TRADITIO

Beiträge zur Geschichte der Sprachwissenschaft

herausgegeben von

Hans Helmut Christmann und Eugenio Coseriu

Band 12 · 1994

Jean-Alexis Borrelly

Histoire sommaire et philosophique de la langue françoise (1784)

Considérations sur le dictionnaire de la langue allemande, conçu autrefois par Leibnitz (1792)

Mit einer Einführung und Anmerkungen versehen von
Jürgen Storost

gnV Gunter Narr Verlag Tübingen

Die Deutsche Bibliothek – CIP-Einheitsaufnahme

Borrelly, Jean-Alexis:
Histoire sommaire et philosophique de la langue françoise : (1784).
Considérations sur le dictionnaire de la langue allemande,
conçu autrefois par Leibnitz : (1792).
Jean-Alexis Borrelly. Mit einer Einf. und Anm. vers. von Jürgen Storost. –
Tübingen : Narr, 1994
(Lingua et traditio : Bd. 12)
ISBN 3-8233-4802-7
NE: Borrelly, Jean-Alexis: [Sammlung]; GT

Dischingerweg 5 · D-72070 Tübingen

Gedruckt auf säurefreiem und alterungsbeständigem Werkdruckpapier.

Druck: Müller + Bass, Tübingen
Verarbeitung: Nädele, Nehren
Printed in Germany

ISBN 3-8233-4802-7

Für
Werner Bahner
donum natalicium
zum 67. Geburtstag
in Dankbarkeit

Inhalt

Vorbemerkung

Die hier wieder abgedruckten „Considérations" von Borrelly, die schon bei ihrem Erscheinen im Jahre 1792 – wohl aufgrund mißlicher politischer Umstände – kaum verbreitet wurden, sind heute zu den *Rarissima* zu zählen. Ihre Bedeutung für die Sprachwissenschaftsgeschichte besteht darin, daß sich der Autor als erster am Ende des 18. Jahrhunderts ausführlich mit den „Unvorgreiflichen Gedanken" von Leibniz über die deutsche Sprache auseinandergesetzt hat; allerdings war die Stunde dafür im Berlin von 1792 auch ausgesprochen günstig…

Drei Gesichtspunkte mögen es rechtfertigen, sich heute mit Borrellys Leibniz-Diskussion zu beschäftigen. Im Jahre 1996 ist der 350. Geburtstag des großen Gelehrten Gottfried Wilhelm Leibniz (1646-1716), des Akademiegründers, Wörterbuchanregers und Förderers der deutschen Sprache zu feiern. Gerade in letzterer Hinsicht ging in den ersten 40 Jahren des Bestehens der Brandenburgischen Sozietät ein bedeutender Impuls aus, der erst mit Friedrichs Akademiereform gebrochen wurde. Ein zweiter Impuls, der in der Mitte des Jahrhunderts die philosophische Diskussion belebte, ging von den „Nouveaux essais sur l'entendement humain" aus, in denen sich Leibniz mit Locke auseinandersetzte und die erst in der Amsterdamer Ausgabe der philosophischen Werke von Leibniz erschienen waren (1765). Schließlich wurde 1792 Leibnizens Ansatz der Beschäftigung mit der deutschen Sprache innerhalb der Akademie wieder aufgenommen. Da Borrellys Betätigungsfeld auch die *Académie des Sciences et Belles-Lettres de Berlin* war und die Impulse der Beschäftigung mit der deutschen Sprache und mit Leibniz als Sprachforscher zu Beginn der 90er Jahre des 18. Jahrhunderts von ihr ausgingen, bildet dieser Beitrag auch einen Tribut zum 300. Gründungstag der Berliner Akademie im Jahre 2000. Und schließlich leistete Borrelly einen bis heute weitgehend unbeachtet gebliebenen Beitrag zur Sprachwissenschaft, den es aus wissenschaftshistorischer Sicht zu würdigen gilt.

EINFÜHRUNG

Als am 22. Juni 1772 der einstige Mitarbeiter an Diderots und d'Alemberts Enzyklopädie, François-Vincent Toussaint (geb. am 21.12.1715 in Paris), in Berlin starb und so seine Stelle als Professor für Logik und Rhetorik an der von Friedrich II. 1765 gegründeten Berliner Ritterakademie[1] vakant werden ließ ebenso wie seine ordentliche Mitgliedschaft in der Berliner Akademie, die er seit dem 8. November 1764, dem Jahr seiner Ankunft in Berlin, bekleidet hatte, sah sich Friedrich genötigt, nach einem Nachfolger Ausschau zu halten. Da schlug ihm d'Alembert, seit eh und je mit den Geschicken der Berliner Akademie eng verbunden, einen Professor der Beredsamkeit aus dem Universitätsstädtchen Aix-en-Provence, den am 16. August 1738 im provenzalischen Salernes (Var) geborenen Jean-Alexis Borrelly[2], vor. Am 15. Oktober 1772 wurde dieser auf Befehl des Königs als Ordentliches Mitglied für Philosophie in die Académie Royale des Sciences et Belles-Lettres de Prusse aufgenommen[3]; er arbeitete als „professeur d'éloquence" an der Ritterakademie und Inspektor der französischen Klassen im Corps des cadets; ferner war er (seit dem 28. Juni 1777) „associé" an der Akademie in Marseille und korrespondierendes Mitglied des „musée de Paris".

---

1 Académie des nobles, académie des Gentils Hommes, académie militaire, Kriegsschule. 1810 mit Gründung der Berliner Universität aufgelöst. In der Schule wurden Söhne von Adligen zum Militärdienst ausgebildet. Höchstes Ziel waren die Aufklärung und Ausbildung eines philosophischen Geistes. Dazu wurden Logik, Ethik und Rhetorik gelehrt und geübt; ferner Jurisprudenz mit römischem und Partikularrecht, Natur- und Völkerrecht, Kameralwissenschaften und Politik; Universal- und Spezialgeschichte; Geographie; Genealogie und Heraldik; Mathematik; Ingenieurwissenschaften, Artillerieübungen; Literaturgeschichte; und Französisch, wobei besonders das Sprechen und Briefeschreiben geübt wurden. (Vgl. Heine 1898).

2 Borrelly schrieb sich selbst mit zwei R; in der Literatur ebenso wie in den Sitzungsberichten der Berliner Akademie wird er in der Regel mit einem R geschrieben. Man liest gelegentlich auch Borelli. Es erscheint logisch, daß wir hier die Schreibweise Borrelly vorziehen.

3 Die Sitzungsberichte der Akademie (Akademiearchiv: I-IV,32) notieren am 15. Oktober 1772: „Le Secretaire a lu un Ordre de S.M. qui enjoint d'élire M. Borelly, Professeur de Rhétorique comme Membre ordinaire de la Classe de Belles-Lettres [...]".

Über sein Leben wissen wir eigentlich recht wenig. Prominente Werke wie der „Dictionnaire de biographie française“ (Band 7, Paris 1954) oder „La Grande Encyclopédie“ (Band 7, Paris um 1890) haben ihn erstaunlicherweise nicht; tatsächlich hätte aber schon die Fülle seiner Arbeiten die Aufnahme gerechtfertigt. Einige wenige, aber erste Informationen gibt uns Carlo Denina (1731-1813), sein Berliner Akademiekollege, in dem Werk „La Prusse littéraire sous Frédéric II“ (Band 1, Berlin 1790: 283 f.; Band 3, Berlin 1791). Einige Hinweise über das Schaffen von Borrelly entnehmen wir Joseph-Marie Quérards „La France littéraire“ (Paris 1828, Band 1, Seite 418). Diese Hinweise bringen dann auch die „Nouvelle biographie générale“ (Bände 5/6, Kopenhagen 1964, Spalten 701 f.) und J. Fr. Michauds „Biographie universelle ancienne et moderne“ (Band 5, Graz 1966, Seiten 78 f.), jeweils mit der zusätzlichen Bemerkung, daß Borrelly um 1810 in Berlin verstorben sei. Mein Versuch, in zeitraubenden Recherchen das genaue Sterbedatum anhand der Berliner Kirchenbücher zu präzisieren, schlug fehl. Die Vermutung, daß Borrelly um 1810 verstorben sei, gründet sich wohl darauf, daß dieser noch 1808, aber in Paris, zwei Bände eines Werkes von Friedrich edierte.

Der leitenden Archivarin der *Archives de la Ville de Marseille*, Frau Marie-Cathérine Ruscica, bin ich sehr dankbar für den Hinweis auf eine kurze Veröffentlichung über Borrelly in den „Mémoires de l'Académie des Sciences, Lettres et Beaux-Arts de Marseille“ 1937-1939 (Marseille 1939), Seite 423 f. Darin heißt es u.a.: „Borrelly Jean-Alexis [...], fils d'Hubert, bourgeois et de Madeleine Antelme, né à Salernes (Var), le 16 août 1738, fit ses études au collège des Doctrinaires de Draguignan, entra en 1754 dans la maison des Doctrinaires d'Avignon, prononça ses trois voeux simples en 1755, devint en 1762 professeur de rhétorique au Collège royal Bourbon à Aix, y resta jusqu'à la fin de l'année scolaire 1765-1766. Il se rendit alors à Berlin [...]“. Über die Aktivitäten Borrellys in Berlin informiert Denina (1790, I: 283 f.) knapp:

„Il a donné une logique tirée des meilleurs auteurs, & très-bien écrite, & a fait quelques ouvrages sur la manière d'enseigner. Il eut à cet égard quelques démêlés avec feu Mr Sulzer[4] son collègue à la même école, & son confrère à l'académie. Il en eut d'autres avec un maître de langue qui

4 Johann Georg Sulzer (geb. am 5.10.1720) war Borrellys Kollege als Mathematikprofessor an der Ritterakademie und Ordentliches Mitglied der Berliner Akademie; er starb am 27.2.1779.

en avoit avec tout le monde[5]. En 1788 Mr Borrelly s'est malheureusement brouillé avec un général dont il avoit rédigé les mémoires, & avec lequel il eut un procès dans les formes[6]. Ces distractions & celles que lui causèrent des entreprises dans lesquelles il s'est engagé par bonté de cœur, l'ont beaucoup détourné des occupations qui lui auroient fait honneur. Il a été fort attaché à Monseigneur le prince Henri de Prusse[7], qui lui donna souvent des marques réelles de sa bienveillance. Par quelque écrits qu'il vient de publier, & par ceux qu'il annonce, on peut juger que Mr Borrelly a beaucoup de goût pour les beaux arts [...]".[8]

Borrelly war ein französischer Patriot, der insbesondere in der unmittelbar vorrevolutionären Phase 1789 noch an die Möglichkeit von Reformen in Frankreich im Sinne einer Demokratisierung der Monarchie glaubte. Im Juni 1789 ließ er der Nationalversammlung einen „Examen des droits respectifs du monarque et de la nation, dans les Réformes et les Améliorations qu'exige la Prosperité de la France" überreichen, in dem er seinen Patriotismus verbalisiert (S. 137): „Je vis en pays étranger depuis

---

5 Gemeint ist Jean-Charles Thibault de Laveaux; vgl. weiter unten. Daß Laveaux – gelinde gesagt – einen recht merkwürdigen Charakter gehabt haben muß, berichtet auch ausführlich Dieudonné Thiébault (^{3}1813, III: 106 ff.), jedoch ohne ihn namentlich zu nennen, aber jeder dürfte Bescheid gewußt haben.

6 Eine regelrechte Gerichtsverhandlung; „dans les formes": avec toutes les formalités consacrées par la loi ou par l'usage. Der genannte General war der Generalleutnant der preußischen Armeen, der Schwede Johann Ludwig Graf von Hordt (1719-1798); er verfaßte im Jahre 1784 die „Mémoires d'un gentilhomme suédois, écrits par lui même dans sa retraite, l'année 1784"; sie erschienen 1788 in Berlin; gleichzeitig gab es eine deutsche Übersetzung von Georg Wilhelm Bartoldi „Denkwürdigkeiten eines schwedischen Edelmannes", Frankfurt/Oder 1788. Carlo Denina (1790, II) erinnert sich in seinem Kapitel über Hordt: „Il pria Mr Borrelly, professeur d'éloquence à l'école militaire, de lui prêter son secours. Cela étoit très-bien pensé & même bien effectué jusqu'à un certain point; mais le général se brouilla avec le professeur [...]".

7 Friedrich Ludwig Heinrich, Prinz von Preußen (1726-1802), jüngerer Bruder Friedrichs, Militär, Diplomat, Freund Frankreichs.

8 Diese freundlichen Worte wären sicherlich anders ausgefallen, wenn Denina 1790 schon geahnt hätte, was er 1792 von Borrelly zu lesen bekommen würde (Considérations, S. 134 f.). Borrelly setzte sich mit der Sprache der Politik auseinander, und bescheinigte der italienischen Nation, daß sie in der Vergangenheit viel dazu beigetragen hätte: „[...] mais j'ose dire, que les livres de cette nation, depuis long-tems dégénérée, et qui ne nous offre plus qu'une bien foible image de son ancienne splendeur, ne sont pas la meilleure des sources, où l'on puisse aujourd'hui puiser. [...] Or, quand une nation est, en général, aussi corrompue que l'est celle-ci, dans ses moeurs et dans ses principes, on ne peut emprunter d'elle qu'un langage vicieux et peu digne d'un peuple, qui prend la justice et la vertu pour règles de sa conduite, et la vérité, pour l'unique objet de ses recherches." Allerdings muß man auch sehen, daß Denina eher ein Kosmopolit denn ein italienischer Nationalist war.

dix-sept ans; mais le sort de la France, où je suis né, et où il me reste encore tant de personnes qui me sont cheres, ne me sera jamais indifférent. Je desire sa gloire et sa prospérité et celle de son Roi. [...] Tous mes voeux, enfin, seroient satisfaits si mes compatriotes pouvoient tous être heureux." Borrelly kritisiert den Mißbrauch der Macht, die Despotie und Willkür von Ministern und Gerichten, die zerrütteten Staatsfinanzen, die Größe des königlichen Grundbesitzes sowie den Luxus des Königs, der nichts mehr mit der Würde eines Königs zu tun habe. Zur Überwachung der Minister und der *grands intérêts publics* schlägt Borrelly die Einsetzung einer *commission intermédiaire* zwischen den Ministern und den Generalständen vor, mit der die Minister zusammenarbeiten sollten. Die Minister definiert Borrelly als Buchhalter der Nation, nicht des Königs. Borrelly beharrt aber zu dem Zeitpunkt noch auf einer engen Bindung zwischen König und Volk. In Borrellys Demokratieverständnis wird auch deutlich, daß die Frage von Krieg und Frieden nicht mehr allein eine Angelegenheit des Königs, sondern auch der Nation sei. Schließlich fordert der Verfasser von der *Assemblée nationale* gleiche Rechte für alle (S. 109): „Le bien de l'état exige, Messeigneurs, que tous les François indistinctement aient les mêmes devoirs à remplir, les mêmes loix à observer, les mêmes intérêts à défendre, les mêmes atteintes contre leur liberté à repousser." Ob wohl solche Einlassungen in Berlin unbeachtet bleiben konnten oder den Verfasser zum Gegenstand genauerer Observationen machen würden?

Die Sitzungsberichte der Berliner Akademie weisen aus, daß Borrelly am 30. August 1792 als Berichterstatter des Werkes eines französischen Militärs, Théophile Malo Corret de Latour d'Auvergne (1743-1800), „Nouvelles recherches sur la langue, l'origine et les antiquités des Bretons" (Bayonne 1792), das der Autor der Akademie zugeschickt hatte, auftrat und schließlich am 19.11.1792 an der Sitzung teilgenommen hat; es sollte zum letzten Mal gewesen sein; dann wurde er nie wieder erwähnt; selbst sein „Weggang" wurde nicht registriert. Jedoch findet sich in den Akten der Akademie (Signatur: I-III,4: Bl. 303) ein Schreiben, das der Gouverneur von Berlin, der Infanteriegeneral Wichard Joachim Heinrich von Möllendorf (1724-1816), an den Kurator der Akademie, den Grafen Ewald Friedrich von Hertzberg[9] (1725-1795), mit folgendem Wortlaut gerichtet hatte und das hier zum ersten Mal vollständig veröffentlicht wird:

9 Hertzberg schrieb sich selbst mit TZ; in französischsprachigem Schrifttum liest man in der Regel Herzberg.

Seine Königl. Majestät haben in Erfahrung gebracht, daß verschiedene Personen hieselbst über die ietzigen politischen Angelegenheiten sehr unanständige Reden führen, sich sogar auch nicht entblöden, Meinungen und Grundsätze über die Verfassung dieses Staates auszubreiten, die derselben gar nicht angemessen sind und üble Folgen zu leicht nach sich ziehen können. Als ein solcher zu dreister Beurtheiler ist Allerhöchst derenselben unter andern der Professor Borelli angezeigt worden und da Se. Königl. Maj. für nötig befunden, dergleichen Leute aus dero Staaten zu entfernen, so ist mir der Befehl geworden, des Herrn General Lieutenants von Mosch[10] Exzellenz zu übertragen, daß der p. Borelli arretirt, über die Gränze gebracht und ihm dabei angedeutet werde, sich dahin zu begeben, wo seine Grundsätze etwa Beifall finden mögten, die in dem hiesigen Staate nicht gelitten würden.

Diesen Befehl habe ich volziehen müssen und da aber Borelli auch ein Mitglied der Königl. Akademie ist, so habe ich nicht ermangeln wollen, Ew. Exzellenz als Curator der Akademie hievon ganz ergebenst zu benachrichtigen.

Berlin am 17. November 1792.
Möllendorf

Des Königl. würkl. geheimen Staats Ministers
Herrn Graf von Hertzberg Exzel.

Der Kurator Hertzberg hat die Ausweisung als guter preußischer Staatsdiener natürlich sofort akzeptiert. Am 19. November 1792 schrieb er dem König den Vorschlag für einen Nachfolger: es sollte der Mainzer Oberbibliothekar Johann George Adam Forster (1754-1794) werden (GStA Merseburg: Rep. 96 Nr. 214 A, Bl. 115), den Hertzberg gleichzeitig für eine Stelle an der Ritterakademie ins Gespräch brachte. Aus preußischer Sicht kam Hertzberg mit diesem nicht akzeptierten Vorschlag vom Regen in die Traufe: wie Borrelly war auch Forster ein Anhänger der französischen Revolution; und Hertzberg entschuldigte sich beim König beflissen am 11. Dezember 1792 (ebd., Bl. 116): „[...] J'ai proposé le S^r^. Forster à Votre Majesté pour successeur de Borelli, comme un homme qui a la réputation justifiée d'un grand Phisicien, voyageur & historien, et qui auroit pû être utile aux deux Académies, et je l'ai proposé dans une [sic] tems, ou la ville de Mayence n'étoit pas encore prise par les François, et ou je ne pouvois pas savoir, que le S^r^. Forster se déclareroit pour la révolution

---

10 Generalleutnant Karl Rudolph von Mosch (1721-1802) war der unmittelbare Vorgesetzte Borrellys als Chef der Ritterakademie (Ecole militaire) und des Cadettencorps; er galt als gelehrter Offizier und fähiger Maler.

françoise, ce qu'il nie aussi dans une lettre publique, adressée au Cons^r^. privé Müller, en assûrant, qu'il n'avoit pris une place à Mayence, que faute d'autre subsistance et principalement pour contribuer à la conservation de la ville de Mayence, plûtôt que de l'abandonner aux François. Je crois donc ne mériter aucune réproche à cet égard." Der König hatte sich also dem Vorschlag Hertzbergs nicht angeschlossen und befahl stattdessen die Aufnahme des Berliner Sprachforschers, Lehrers an der Ritterakademie und Montaigne-Spezialisten Jean Baptiste Bastide (1745-1810), der also am 13.12.1792 ernannt wurde. Hertzberg war damit offensichtlich gar nicht einverstanden, kam aber an einem Befehl des Königs nicht vorbei; dennoch schrieb er (ebd.): „En conséquence de l'ordre de Votre Majesté du 5 Decbre, je ne tarderai pas de faire récévoir à l'Academie, à la place du S^r^. Borelli, le S^r^. Bastide, qui n'a pas été élû et qui ne s'étant pas fait connoitre pour savant, ne pourra appartenir à aucune classe en particulier."

Borrelly war also am 19. November 1792 innerhalb von zwei Stunden wegen jakobinischer Äußerungen in einer „Nacht– und Nebelaktion" des Landes verwiesen worden. In der Folgezeit publizierte er sowohl in Paris als auch in Marseille; tatsächlich hatte es ihn nach der Ausweisung wieder in die Provence gezogen; er wirkte in Marseille als Professor des belles-lettres au lycée[11]. Allerdings hat die genannte Literatur über Borrelly seine Ausweisung aus Preußen nicht zur Kenntnis genommen; Michaud versteigt sich sogar, ihm nach Friedrichs Tod (1786) eine sehr ehrenvolle Existenz in Preußen zu bescheinigen: „Sans jouir de la même faveur sous les princes successeurs de Frédéric II, Borelli eut encore en Prusse une existence fort honorable. Il mourut à Berlin, vers 1810." Harnack nahm die Ausweisung Borrellys zunächst nicht zur Kenntnis; vielmehr war Borrelly für ihn 1792 sogar verstorben (Harnack 1900, 1. Band, 2. Hälfte, S. 516, Fußnote 4)[12].

---

11 Diese Information ist einem Schreiben (GStA Merseburg, Rep. 96 A, Akademie der Wissenschaften, Nr. 1 B, Bl. 30v) Borrellys vom 15. Juli 1803 an den preußischen König Friedrich Wilhelm III. zu entnehmen, in dem B. den König um eine Pension bat, wobei er auf den scheinbar gleichgelagerten Fall von Paul Jerémie Bitaubé (1732-1808) verwies. Das Ansinnen Borrellys wurde seinerzeit abschlägig beschieden; der Justizminister von Goldbeck schrieb in einem internen Papier (ebenda, Bl. 27v, 28r) vom 18.10.1803: „Borrelly war, wie ich mich sehr gut erinnere, ein eingebildeter, aufgeblasener Franzose. Er mag vielleicht vieles gesagt haben, das er nicht hätte sagen sollen. Allein er handelte als Franzose [...]; er hielte uns alle für halbe Wilde [...]".

12 Erst S. 647 bringt Harnack in einer Liste der Ordentlichen Mitglieder, die aber vielleicht gar nicht von ihm zusammengestellt worden ist, den wahren Sachverhalt.

Über das weitere Schicksal Borrellys nach der Ausweisung berichten die genannten „Mémoires de l'Académie de Marseille": „Revenu en France au commencement de 1793, il fonda avec Thiébault le *Journal d'instruction publique*, puis, seul, le *Journal d'agriculture et d'économie rurale*. – Il se maria sans doute alors à Marie-Jeanne Pasquier, dont il eut deux filles, Julie et Henriette. Il avait obtenu un logement gratuit au Louvre, qu'il dut abandonner au début du Consulat. Il revint alors à Salernes, fut nommé par le préfet du Var professeur de législation à l'Ecole centrale du département à Toulon, le 17 vendémiaire an X [9.10.1801]. L'Ecole centrale ferma ses portes le 30 frimaire an XI [21.12.1802]. Le 18 nivôse suivant [8.1.1803], Borrelly fut nommé professeur de belles-lettres au Lycée de Marseille. [...] Il donna sa démission de professeur au Lycée à la fin de l'année scolaire de l'an XIII (1805) et retourna à Paris. Il fut nommé professeur de littérature française à la Faculté des Lettres de Nîmes et doyen le 20 juillet 1809 et mis à la retraite le 6 octobre 1814. Il mourut à Salernes le 2 mai 1815."

Zur Vervollständigung des Knappen, was wir nun über Borrellys Leben wissen, sollte hier eine Bibliographie seiner Schriften folgen:

- „Système de la Législation, ou Moyens que la bonne politique peut employer pour former à l'Etat des sujets utiles et vertueux", Paris 1768, ²1791.
- „Premier mémoire sur l'éloquence". In: „Nouveaux Mémoires de l'Académie Royale des Sciences et Belles-Lettres", 1772: 517-552.
- „Mémoire sur les moyens de faire fleurir les Arts utiles dans un Etat". In: „Nouveaux Mémoires de l'Académie Royale des Sciences et Belles-Lettres", 1773: 523-540.
- „Discours sur l'art de procéder dans le développement de l'esprit humain" [akademische Antrittsrede]. In: „Nouveaux Mémoires de l'Académie Royale des Sciences et Belles-Lettres", 1773: 541-556.
- „Discours sur l'émulation, prononcé dans l'assemblée publique de l'Académie royale des gentils-hommes, le 2 mars", Berlin 1774.
- „Discours sur le vrai Mérite", Berlin 1775.
- „Discours sur l'Influence de nos sentiments sur nos lumières", Berlin 1776.
- „Plan de réformation des études élémentaires", La Haye 1776.
- „Eléments de l'Art de penser", Berlin 1778.
- „Discours sur l'instruction du roi de Prusse, concernant l'Académie des Gentilshommes", Berlin 1783.

- „Mémoire sur quelques paradoxes en Eloquence“. In: „Nouveaux Mémoires de l'Académie Royale des Sciences et Belles-Lettres“, 1783: 474-510; Separatdruck Berlin 1786.
- „Histoire sommaire & philosophique de la langue françoise d'après le mémoire de M. le Comte de Rivarol“, Hamburg 1784.[13]
- „Monument national pour l'encouragement des talents et des vertus patriotiques, ou Galerie prussienne de peinture, de sculpture et de gravure, consacrée à la gloire des hommes illustres“, Berlin 1788.
- „Introduction à l'étude des beaux-arts, ou Exposition des lois générales de l'imitation de la nature“, Berlin 1789.
- „Examen des droits respectifs du monarque et de la nation, dans les réformes et les améliorations qu'exige la prospérité de la France“. Ouvrage publié et présenté à l'Assemblée nationale, par Hugon de Bassville, Paris 1789.
- „A l'Assemblée nationale, sur les moyens de former la Constitution et les lois, sans tumulte, sans confusion, avec toute la décence qui doit caractériser les législateurs“. Ouvrage publié et présenté à l'Assemblée nationale, par M. Hugon de Bassville, Paris 1789.
- „Considérations sur le dictionnaire de la langue allemande, conçu autrefois par Leibnitz, et maintenant exécuté par une société d'académiciens, sous les auspices du comte de Hertzberg", Berlin 1792.
- zusammen mit Thiébault: „Journal de l'Instruction publique“, 28 Hefte in 8 Bänden, Paris 1793-1794.
- „Journal d'agriculture et d'économie rurale“, 7 Bände, Paris, an III.
- Herausgeber: Frédéric II, „Mémoires historiques, politiques et militaires du comte de Hordt, Suédois et lieutenant général des armées prussiennes“, 2 Bände, Berlin und Paris 1789; Paris ^{2}1805.
- „Introduction à la connoissance et au perfectionnement de l'homme physique et moral“, Marseille an V (1796).
- „Pétition du citoyen Borrelly sur l'organisation du Ministère de la Guerre“, S.l.n.d.

---

13 Die heutige Rarität dieser Schrift rechtfertigt es, deren Text hier noch einmal abzudrucken. Borrelly bringt Auszüge der Rivarolschen Schrift, die dessen Apologie des Französischen besonders verdeutlichen; dabei hat der Herausgeber Borrelly geringfügige stilistische Veränderungen angebracht, um bei (im übrigen nicht markierten) Auslassungen die Anschlüsse eleganter zu gestalten.

- „Rêves sur nos finances, maux à détruire, améliorations à faire", Marseille, s.d.
- „Discours sur l'organisation qui pourrait assurer la prospérité des Sociétés savantes et littéraires, lu dans la séance du 17 fructidor an XI", Marseille 1804 (an XII).
- Herausgeber: Frédéric II, „Caractère des différents personnages les plus marquants dans les différentes cours de l'Europe, extrait des oeuvres de Frédéric-le-Grand", 2 Bände, Paris 1808.

Die erste Hälfte der 80er Jahre des 18. Jahrhunderts war im Hinblick auf die in der Berliner Akademie getriebene Sprachforschung durch die Diskussion – auch in Form einer akademischen Preisfrage – über den universellen Charakter und Wert der französischen Sprache, gefördert nicht zuletzt wohl auch durch Friedrichs Enttäuschung über die postvoltairianische Literatur- und Philosophieentwicklung in Frankreich, gekennzeichnet. In dieser Phase hatte Friedrich dem in Berlin lehrenden Professor für französische Sprache und Literatur Jean-Charles Thibault de Laveaux (1749-1827) offenbar den Auftrag erteilt, über die Situation des Französischen in Frankreich und Deutschland zu schreiben, woraus ein „Cours théorique et pratique de langue et de littérature françoise" in zwei Bänden (Berlin 1784, 1785) entstand, in dem mehrere Hefte zusammengefaßt sind, deren erstes im Januar 1784 erschien. Laveaux stellt den schlechten Zustand des Französischen fest und überschreibt das erste Kapitel „Des causes de la décadence de la langue françoise, en France & en Allemagne", um im zweiten Kapitel „Des moyens de rémédier à la décadence de la langue françoise" auch im Blick auf einen besseren Französischunterricht in Berlin zu empfehlen. In jüngerer Zeit hat Hartweg (1981) die sprachlichen Germanisierungsprobleme der Hugenotten im Berlin des 18. Jahrhunderts untersucht und überzeugend beschrieben. Auch Hartweg berichtet von der im 18. Jahrhundert geführten Klage über die mangelhaften Französischkenntnisse und die angedachten Lösungsvorschläge.

Gegen Ende des zweiten Bandes setzt sich Laveaux als Augenzeuge mit den Umständen auseinander, die zur Prämiierung der Antworten auf die akademische Preisfrage zur Universalität des Französischen vom Jahre 1782 führten. Die Berliner Akademie hatte am 3. Juni 1784 eine Entscheidung herbeizuführen. Die *Registres de l'Académie*, also die Sitzungsberichte (Akademiearchiv: I-IV,32, Bl. 373v, 374r) der *Assemblée publique* vom 3. Juni 1784, an diesem Tag vom Ordentlichen Mitglied Carlo Denina geführt, weisen in der Anwesenheitsliste aus, daß Laveaux als *Etranger*, also als Nichtmitglied, teilnahm. Als Zeitzeuge berichtet nun Laveaux, daß bereits im Januar 1784 ein Gerücht kursierte, wonach in der Akademie eine meisterhafte Antwort eingegangen sei, wie sie niemals aus Frankreich hätte kommen können; mehr noch, man konnte sogar diese Schrift, nämlich Rivarols Lösungsvorschlag, möglicherweise infolge einer gezielten Indiskretion schon vorzeitig, vor der eigentlichen Urteilsverkündung, lesen. Die Begeisterung schlug offenbar hohe Wellen. Laveaux, dem es nie gelang, in die Akademie aufgenommen zu werden, spöttelte über die „Herren" der Akademie (1785, II, Annonces et critiques: 5): „Ce procédé qui pourroit passer pour irrégulier dans tout autre cas, est bien excusable dans celui-ci où les beautés sublimes du chef-d'œuvre avoient probablement exalté les têtes de ces Messieurs", um dann nüchtern fortzufahren: „Cependant quelques autres Académiciens moins enthousiastes, prétendoient qu'il y avoit un mémoire allemand infiniment supérieur au mémoire françois tant vanté. Il se fit deux partis. Les Académiciens françois qui ne comprennent pas l'allemand, soutinrent avec chaleur que le mémoire françois devoit seul remporter le prix, & les Académiciens allemands qui comprennent le françois, prétendirent que le mémoire allemand méritoit seul la préférence."[14] Nun besaßen aber die deutschsprachigen Mitglieder in der Akademie eine Majorität, mit der sie dazu neigten, die deutsche, von dem Stuttgarter Professor Johann Christoph Schwab

---

14 Weniger direkt als später Thiébault in seinen Mémoiren führt hier Laveaux interessanterweise eine Teilung der Mitglieder in opponierende ausschließlich Frankophone und Germanophone (teils mit französischen Sprachkenntnissen) ein. Thiébault (^{3}1813, III: 92) berichtet amüsant über die Befindlichkeiten der Akademiemitglieder: „[...] si l'on me demande comment vivoient entre eux tous les académiciens assidus et qui composoient véritablement l'académie, je répondrai qu'ils vivoient entre eux fort pacifiquement et avec honnêteté. J'ai remarqué cependant quelques nuances assez curieuses à observer: on pouvoit diviser de mon temps l'académie en trois branches, celle des Allemands, celle des Suisses, et celle des Français, contenant chacune sept, huit ou neuf personnes: les Allemands, plus flegmatiques, et accoutumés à un gouvernement absolu, ne demandoient qu'à être traités avec justice et politesse; que l'on eût pour eux les égards convenables, ils étoient contens, ne se mêloient de rien, et laissoient faire aux autres. Les Français, de mon temps, ne différoient des Allemands qu'en un point, savoir, qu'ils ne vouloient pas être dominés. Quant aux Suisses, ils étoient généralement dominateurs, et se mettoient à la tête de toutes les affaires, ou plutôt vouloient les conduire seuls: je sais qu'il y a exception à tout; Lambert, par exemple, et Mérian, agissoient bien plus comme les Français que comme les Suisses. Beausobre étoit Suisse à cet égard, et non Français; mais ma distinction reste généralement vraie. J'ai vu Sulzer, Béguelin, Wéguelin, etc., gouverner toute l'académie; j'ai vu les Allemands ne pas songer à s'en plaindre et les Français ne faire qu'en rire, pourvu que le joug ne pesât pas sur eux."

(1743-1821) verfaßte Arbeit zu krönen. Das Thema der Universalität des Französischen war bekanntlich von Mérian vorgeschlagen und schließlich durchgesetzt worden. Dieudonné Thiébault (1733-1807), der Franzose und Professor für allgemeine Grammatik an der Berliner Kriegsschule, hatte sich der Fragestellung heftig widersetzt. In seinen Erinnerungen notiert er (^{3}1813, III: 93 ff.):

> Je m'opposai d'abord de toutes mes forces à ce qu'elle fût admise [...], d'autant plus que je ne voulois pas même indiquer le motif qui me déterminoit à la rejeter: ce motif étoit que j'avois peur que cette question [sic] ne donnât lieu à quelques satires fort désagréables contre notre langue, contre notre littérature, et même contre notre nation. Je ne fus tranquille à cet égard que lorsque l'évènement prouva que j'avois eu tort. Entre vingt-une pièces qui nous vinrent, il y en eut deux qui fixèrent d'abord tous les suffrages, une française, qui n'avoit guère que vingt pages *in*-4°, et l'autre allemande, qui contenoit 101 pages *in-folio*. Les Allemands s'accordèrent entre eux pour donner la préférence à celle-ci: ils formoient le plus grand nombre. Le prince Henri[15], qui voulut lire

---

15 Prinz Heinrich, der französischer Bildung und Gesellschaft sehr zuneigte, war mit Borrelly wahrhaft eng befreundet; es ist wohl davon auszugehen, daß Borrelly, als er den Eindruck gewinnen mußte, daß die Sache für die französische Arbeit nicht gut zu laufen begann, den Bruder Friedrichs auf das Problem aufmerksam machte. –

Im Sommer 1784 reiste Heinrich übrigens nach Paris zu Verhandlungen gegen Österreichs Expansionsabsichten, und er hielt sich mehrere Monate am Hof Ludwigs XVI. auf. Am 10. August 1784 traf Heinrich unter dem Namen Comte d'Oëts mit seiner Begleitung in Lyon ein, wo er assoziiertes Mitglied der wie die Brandenburgische Sozietät der Wissenschaften im Jahre 1700 gegründeten Académie des Sciences, Belles-Lettres et Arts de Lyon wurde. Im von der Bibliothek der Lyoner Akademie dankenswerterweise überlassenen Sitzungsbericht vom 10.8.1784 heißt es u.a. (die Mitglieder der Akademie wurden officiers genannt):

„La compagnie ayant été prévenue que M. le Prince Henri frere du Roy de Prusse et qui est en cette ville sous le nom de Comte d'Oëts, honoreroit l'académie de sa présence a été extraordinairement convoquée pour trois heures [...], on est d'abord convenu que M. le Directeur en feroit l'ouverture par un compliment au Prince [...]. A la suite de ces arrangemens, on a demandé s'il convenoit, la Séance n'étant pas publique, de laisser entrer les personnes connües du Prince et qui viendroient a Sa Suite, l'academie [...] a arrêté qu'elle ne devoit admettre aucun étranger a l'exception des Seigneurs qui étoient de la Suite du Prince. [...] A quatre heures et demie, l'Académie étant avertie que M. le Comte d'Oëts étoit arrivé à l'hotel de Ville dont il visitoit les appartements, a détaché ses officiers pour aller s'y joindre, l'accompagner et le prévenir qu'elle attendoit l'honneur dont il l'avoit flatté, M.^{rs} les officiers ont rempli leur commission et ont conduit le Prince dans la Salle des séances particulieres, il y a pris place dans un fauteüil a la droite du Directeur, la Séance a été commencée et remplie selon qu'on en étoit convenu, M. le Comte d'Oëts a témoigné a la Compagnie avec la plus noble simplicité la satisfaction qu'il en recevoit, il a remercié des compliments [...]. M. le Directeur et M.^{rs} les officiers ont demandé au Prince au nom de l'académie qu'il luy permît d'inscrire son nom dans

les deux pièces, déclara que l'académie se déshonoreroit si elle ne couronnoit pas la française. Dans l'assemblée où nous eûmes à opiner, vu que M. Mérian, mon ancien, ne devoit opiner que le dernier, ayant, en sa qualité de directeur, à recueillir les suffrages, je me bornai à lire mon avis, que j'avois écrit et motivé, déclarant que je ne répondrois à aucune objection, et requérant le directeur de déposer aux archives cet avis[16], que j'avois daté et signé. Cette marche extraordinaire et imprévue intimida quelques uns de mes confrères, et le prix fut partagé entre les deux pièces: j'avois dit que, selon moi, la pièces française, riche d'idées neuves, prouvoit que l'auteur ne s'étoit arrêté qu'à ce qui n'étoit pas généralement connu et avoué, et que l'on voyoit que l'auteur allemand avoit voulu en quelque sorte épuiser le sujet, [...].

Nach der Intervention Heinrichs, die sich auf eine vermeintliche Ehrenbewahrung der Akademie gründete, ging also der Preis *ex æquo* an Rivarol und Schwab. Beide Schriften wurden in der fraglichen Öffentlichen Sitzung vom 3. Juni analysiert. Der Sitzungsbericht vermerkt: „M. le Directeur Merian a lu l'analyse du Mémoire de M. Schwab. – M le professeur Thiebault a lu l'analyse du Mémoire de M. le Comte de Rivarol.“

Laveaux ging von seiner sensualistischen Position aus mit Rivarols Schrift hart ins Gericht, was ihm wohl nicht zuletzt die obige Kritik Deninas eintrug. Zunächst aber berichtet er die Bewunderung für Schwabs Schrift, die Merians Bericht auslöste: „Tout le monde fut étonné d'y trouver ce qu'on attendoit du mémoire françois: de la clarté, de la précision, du goût, de l'élégance [...]; &, ce qui est un grand mérite dans les ouvrages de littérature, le vrai ton qui convenoit à la chose. La lecture de cet extrait fut écouté avec la plus grande attention, & inspira le plus grand intérêt. On admira le plan de M. Schwab, la clarté des principes, la justesse de l'application, la solidité des preuves & la sagesse de l'exécution. En un mot, ce discours fut reçu avec une satisfaction & un applaudissement universels“ (p. 6). Laveaux hat wohl recht in dem, was er über die Aufnahme von Merians Analyse sagt; denn das, was Merian vorbrachte,

---

la liste des associés, et le Prince a répondu en donnant son aveu, qu'il vouloit être a la tête de ses admirateurs. – La séance étant terminée, M. le Directeur et M.[rs] les officiers ont reconduit et accompagné M. le Comte d'Oëts jusqu'au bas de l'escalier des appartements que l'académie occupe.“

16 Merkwürdigerweise ist dieses Gutachten im Akademiearchiv nicht vorhanden. Sollte der Direktor der Philologischen Klasse, Johann Bernhard Merian, das Gutachten eines lästigen Widerparts nicht deponiert haben?

übertraf die vermeintliche Klarheit Schwabs bei weitem und *erklärte* im wahrsten Sinn des Wortes überhaupt erst die Arbeit aus Stuttgart.

Doch danach setzte Laveaux mit seiner Philippika gegen Rivarol und schließlich Borrelly an. Zunächst beschreibt der Autor die Spannung, die sich unter den Zuhörern breit machte, als Thiébault mit dem Bericht über Rivarols Arbeit begann (S. 7): „M. Thiebault en commence la lecture, l'attention redouble, on se promet plus de plaisir encore. Mais quel fut l'étonnement de toute l'Assemblée? Ce M. de Rivarol que l'on avoit mis auparavant au-dessus de tout ce qu'on pouvoit connoître de bons écrivains françois; [...] ce M. de Rivarol ne parut alors qu'un mauvais écrivain, auquel on pouvoit tout au plus accorder de l'imagination. Aucun plan dans son mémoire; aucune liaison dans les parties; nulle solidité dans les preuves; des raisons effleurées; un style serré, mais précieux & bizarre; une foule de phrases barbares, où l'esprit s'efforce envain de trouver du bon sens, des termes impropres, des expressions bizarres; des tournures forcées & extraordinaires, un mauvais ton qui n'est pas celui de la chose, mais celui de l'homme qui veut étonner & briller." Und Laveaux schreibt weiter, wie indigniert die Zuhörer waren, wie sie der Rivarolschen Arbeit mit Unzufriedenheit, Langeweile, sogar mit Abscheu begegneten, wozu die rationalistische Haltung Thiébaults in der Beurteilung Rivarols beitrug[17].

Aus der Sicht von Borrelly, der sich als Verfechter der Arbeit von Rivarol darstellte, ohne deswegen Schwabs Arbeit hintan zu stellen, schien wohl doch eine Kritik am Verhalten der Zuhörer angezeigt. Er schrieb (zit. nach Laveaux, S. 8 f.): „Dans notre assemblée publique du 3 Juin dernier, M.M. Mérian & Thiébault ont lu un extrait fort intéressant; le premier du mémoire allemand, & le second du mémoire françois. Mais il s'en faut bien que ces deux lectures aient fait la même sensation sur l'esprit DU PUBLIC. On a admiré la sagesse, l'érudition, la logique, l'esprit de méthode de M. Schouab; & *l'on a eu raison*; on n'a pas trouvé les mêmes qualités dans M. le Comte de Rivarol; & L'ON A EU TORT." Daß das Publikum unrecht haben könnte, provozierte bei Laveaux einen Aufschrei der Empörung.

---

17 Man lese zu Rivarol: Karl-Eugen Gass „Antoine de Rivarol und der Ausgang der französischen Aufklärung", Dissertation Universität Bonn, Hagen 1939. – Die überraschende Vielzahl von Gemeinsamkeiten in der Arbeiten von Rivarol und Schwab stellte der Tübinger Ordinarius Hans Helmut Christmann in seiner Studie „Antoine de Rivarol und Johann Christoph Schwab *pari passu*. Zwei Stellungnahmen zur Universalität der französischen Sprache" heraus (erschienen in „Studia neolatina" Festschrift für Peter M. Schon, herausgegeben von Johannes Thomas, Aachen 1978, Seiten 24-37); diese Gemeinsamkeiten beruhen auf gängigen Topoi des 18. Jahrhunderts.

Schützenhilfe bekam er aus Paris vom Chevalier de Sauseuil, der gerade eine „Anatomie de la langue françoise“ veröffentlichte und in einem Brief (zit. bei Laveaux S. 10 ff.) zum Ausdruck brachte, daß Rivarols Absicht ganz ehrenvoll für Frankreich wäre, er aber die Arbeit besser auf französisch [!] geschrieben hätte, weil ja doch in der französischen Übersetzung soviele Fehler wären; Sauseuil kritisiert den Stil Rivarols und die blumige Sprache. Vielleicht findet man einmal Nachrichten darüber, ob sich Laveaux und Sauseuil in dieser Frage „kurzgeschlossen“ haben.

Laveaux faßt die Kritik aus Frankreich noch einmal zusammen (S. 13): „Voilà donc les gens de lettres de Paris qui se réunissent au Public de Berlin pour dire que le Mémoire de M. Rivarol *fourmille de fautes de goût, de propriété d'expression, de Grammaire & d'idiome*; qu'il n'est *point écrit en françois*; mais dans un *langage barbare*; & qu'il *seroit à désirer pour l'avantage des François, qui ont du goût, que quelque plume françoise & correcte en donnât* UNE TRADUCTION.“ So sieht Laveaux die Bildung von Phalangen: auf der einen Seite die Berliner Öffentlichkeit zusammen mit den Literaten in Paris, auf der anderen Borrelly, an dem sich Laveaux rieb (man erinnere sich an Deninas obige Aussage, daß sich Laveaux an jedem rieb). Der angeblichen deutsch-französischen Ablehnungsfront stellt Laveaux die vermeintlich isolierte Position Borrellys gegenüber, indem er ihn zitiert (S. 13 f.):
„*Cet écrivain,* dit notre pénétrant Académicien, *cet écrivain a,* dans *un degré supérieur, l'art d'attacher, d'entraîner ses lecteurs par ses raisonnemens & son éloquence. On lui trouve toujours un goût épuré & formé par l'étude des grands modèles. Ses principes ne sont point arbitraires; ils sont puisés dans le bon sens & dans la nature, & l'on voit bien qu'Il s'est nourri de la lecture des maîtres fameux de l'antiquité. En un mot, il est peu d'ouvrages académiques qu'on puisse comparer au sien, soit pour le fonds des choses, soit pour le* STYLE;....“

Im folgenden stellt Laveaux ausführlich das Konzept der Schwabschen Schrift dar sowie danach das Konzept der Rivarolschen Arbeit. Dann folgt eine „Très-humble requête du public à M. Borrelly“ (S. 39 ff.), in der der Grammatiker und Stilistiker Laveaux anhand vieler ausgesuchter Beispiele die Schrift Rivarols „zerpflückt“ und Borrelly die festgestellten Schwächen vorhält; Laveaux treibt seinen Spott und Zynismus mit Borrelly noch weiter, indem er (S. 46-48) einen „Essai sur la grande révolution qui va s'opérer dans la langue françoise. Oeuvre composée dans le style de M. le Comte de Rivarol, couronné par l'Académie de Berlin“ folgen ließ. Ferner druckt Laveaux die gegen Rivarol gerichtete „Lettre de M. le Chevalier de Sauseuil, auteur de l'Anatomie de la langue françoise, à M. le Baron de B... du Musée de Paris, à l'occasion du discours de M. de Rivarol, sur l'universalité de la langue françoise“ ab (S. 51-96), in der in großem Umfang vermeintliche oder tatsächliche sprachliche Unkorrektheiten bei Rivarol aufgespürt werden. Natürlich muß der Wissenschaftshistoriker wohl zu recht den Eindruck gewinnen, daß Laveaux den ganzen Aufwand vor allem startete, um seinem Gegner Borrelly zu schaden und ihn bloßzustellen, was ihm jedoch kaum gelungen sein dürfte, da trotz allem in jenen Monaten der frankophile Geist in der Akademie noch nicht erschüttert war. Friedrich selbst regte die Aufnahme Rivarols (und Schwabs) in die Gelehrtengesellschaft an.

Allerdings sollten sich die Dinge bezüglich der vordergründigen Frankophilie nach dem Tod Friedrichs am 17. August 1786 schlagartig ändern. Preußens Außenminister Hertzberg wurde Kurator der Akademie und war damit oberster Dienstherr der Einrichtung. Unter seiner Leitung wurde sofort das deutsche Element durch Zuwahl zahlreicher deutscher Gelehrter massiv verstärkt. Die neue Situation erhellt sich schlaglichtartig mit einem kleinen Zitat aus einem Brief an den Ständigen Sekretar der Akademie, Johann Heinrich Samuel Formey (1711-1797), der von Jacques Louis Desca[18] stammt. Desca, der sich später auch Jakob Ludwig nannte, war an den Geschicken der Akademie interessiert und nahm beispielsweise an der öffentlichen Sitzung vom 3. Juni 1784 teil, als die Preisträger Rivarol und Schwab publik gemacht wurden. Er schrieb also am 23. Januar 1787 an Formey[19]:

---

18 Prediger der französisch-reformierten Gemeinde zu Magdeburg seit 1763. Er wurde am 26. März 1735 in Berlin als 5. Kind des Perückenmachers François Descas aus Metz geboren (vgl. Taufregister der französisch-reformiertren Kirche zu Berlin, Band 5, S. 330) und starb am 6.8.1816 (vgl. 95. Stück der Magdeburgischen Zeitung vom 8.8.1816) in Magdeburg. (Der Familienname findet sich in den Schreibweisen Descat, Descas und Desca.)

19 Staatsbibliothek zu Berlin Preußischer Kulturbesitz, Nachlaß Formey, Kasten 11: Desca, Louis; Bl. 29r, 29 v.

Monsieur et très honoré Père[20]!
[...] Votre Académie gallico-germanique a reçu en peu de tems un accroissement considérable. La langue allemande s'y est fait entendre pour la premiére fois et il est fort à présumer qu'elle en chassera bientot la françoise comme une usurpatrice. C'étoit effectivement un phénomène bien singulier que de voir au fond de l'Allemagne une Académie d'ou la langue allemande fut bannie. Le règne de la Gallicomanie paroit toucher à sa fin en allemagne. L'Empereur et le Landgrave de Hesse Cassel se sont ligués contre elle; notre Roi se joint à eux et ce Triumvirat semble la menacer d'une ruine entiére. Les Allemans triomphent à leur tour et se réjouissent d'avoir un Roi qui veuille être de leur nation. Voila une nouvelle preuve bien frappante de l'inconstance des hommes et des vicissitudes des choses humaines. [...]

Agréez aussi les assurances de l'attachement respectueux avec lequel j'ai l'honneur d'être

Monsieur et très honoré Père!

Votre très humble
et très obéissant serviteur
Desca

Magdebourg
le 23e Janvier 1787

In der Tat setzte nach dem Tod Friedrichs unter dem maßgeblichen Einfluß Friedrich Wilhelms II. eine Hinwendung zur deutschen Sprache in der Akademie ein, wobei dem Kurator Hertzberg eine besondere Rolle zufiel. Dabei sollte auch bei Borrelly ein gewisser Umdenkungsprozeß stattfinden, indem er seinen Anteil zur Erforschung und Förderung des Deutschen leisten wollte. Eine Vorreiterrolle in der philologischen Neuorientierung der Akademie nahm Borrellys Kollege an der Ritterakademie, der in seiner Zeit bedeutende Sprachforscher, Ästhetiker und Literat Karl Philipp Moritz (1757-1793) ein[21]. Unter Berufung auf die Visionen der deutschen Literatur und Sprache, wie sie von Friedrich II. gesehen wurden, wandte sich Moritz im Frühherbst 1791 an den Kurator der Akademie, dessen Engagement für die deutsche Sprache er zu schätzen wußte, um in einem Aide-mémoire zur Pflege der deutschen Sprache aufzurufen. Diese Schrift

---

20 Formey war seit 1731 Prediger der französisch-reformierten Gemeinde zu Brandenburg, später Oberkonsistorialrat; daher die Anrede Père.

21 Man lese über Moritz: Corinna Fricke, „Karl Philipp Moritz als durchschnittlicher Sprachwissenschaftler zwischen Leibniz und Humboldt: zur Stellung seines linguistischen Werkes im geistigen Leben des ausgehenden 18. Jahrhunderts", Dissertation Universität Jena 1988.

befindet sich als Fragment im Berliner Akademiearchiv (Sign. I-V,13a: Bl. 15-19). Wegen der damit ausgelösten Initialzündung für den vielversprechenden Ansatz zur erneuten Beschäftigung mit der deutschen Sprache innerhalb der Akademie, wie er in der kurzfristigen Gründung der Deutschen Deputation institutionalisiert wurde, sei dieser Aufsatz Moritzens hier, soweit er überliefert ist, abgedruckt:

Ueber die Kultur der deutschen Sprache
an
des Geheimen Staats und Kabinettsministers
Herrn Grafen von Herzberg Exzellenz

Ces beaux jours de notre Litterature
s'approchent. Je vous les annonce
ils vont paroitre.

Frederic le grand
de la Litterature allemande

von
Karl Philipp Moritz

Berlin 1791

Der patriotische Eifer, womit Euer Hochgräflichen Exzellenz von jeher die deutsche Litteratur und Sprache in Schutz genommen, und nun – von der Spitze der Akademie der Wissenschaften ihre Fortschritte thätig zu befördern pflegen, berechtigt zu der aufmunternden Hofnung, daß unter Euer Hochgräflichen Exzellenz belebenden Einfluß, die schöne Weissagung des verewigten Monarchen in Erfüllung gehe, und die goldenen Tage unserer Litteratur erscheinen werden; wo der eigentliche Werth unserer Sprache, und alle das Schätzbare was wir schon in ihr besitzen, allgemeiner und entscheidender anerkannt und zugleich die öffentliche Aufmerksamkeit mehr als bisher auf diesen Gegenstand gerichtet wird.

Diese öffentliche Aufmerksamkeit auf die Kultur der vaterländischen Sprache ist an sich schon ein Beförderungsmittel derselben; weil es nicht allein darauf ankömmt, daß wir viele richtige und gutgeschriebene deutsche Sprachlehren und Wörterbücher besitzen, sondern vorzüglich darauf, daß ein jeder, der auf Bildung Anspruch macht, sich auch für seine Muttersprache lebhaft interessire.

Auch sind wir nun über die Zeiten hinweg, wo die Bemühungen zur Kultur unsrer Muttersprache in lächerliche Pedanterien ausarten, weil man noch keinen festen Grund hatte, auf den man bauete, und noch keine klassischen Werke in unserer Sprache vorhanden waren, welche mehr als alle Sprachlehren und Wörterbücher bei der eigentlichen Bildung einer Sprache in Betracht kommen.

Eine öffentliche Anregung der Aufmerksamkeit auf unsere Sprache aber wäre um desto wünschenswerter, da der Eifer zu der Bearbeitung derselben in unsern Tagen wieder zu erkalten scheint; und man schon immer mehr anfängt, über der großen Anzahl neuerer Schriften, welche erscheinen, die Schreibart, als etwas Untergeordnetes zu betrachten, dessen selten einmal Erwähnung geschieht. – Sobald aber auf die Schreibart keine vorzügliche Aufmerksamkeit mehr gerichtet wird, ist man nur zu geneigt, sich wenig mehr darum zu bekümmern, wie etwas gesagt sey, wenn es nur gesagt ist.

Eine feste und edle Schreibart, und ein reiner und richtiger Ausdruck, in der Muttersprache sind doch gleichsam das ächte Gepräge einer gebildeten Nation, wodurch der Vorzug der Sprache, welchen die Menschheit besitzt, in seiner ganzen Stärke anerkannt, und es deswegen wohl der Mühe werth achtet, das Wort wodurch der Gedanke bezeichnet und mitgetheilt wird, zu wählen und zu wägen.

Das Schwankende, Ungewisse, und Fehlende in der Muttersprache bezeichnet eben, daß eine Nation ihre Aufmerksamkeit noch nicht hinlänglich auf sich selbst und ihre eigene Bildung gerichtet hat. – Denn das Wort ist doch grade dasjenige, was am häufigsten im Leben vorkommt, und um welches sich das ganze geschäftige und gesellige Leben drehet, welches also nicht blos als Wer[k]zeug, sondern auch um sein selbst willen Aufmerksamkeit verdienet.

Bei einer Nation deren Sprache den gehörigen Grad von Bildung erreicht hat, muß Wohlredenheit auch im gemeinen Leben anerkannt werden, wie es der Italiäner z.B. durch sein dice bene! thut. Denn wenn ihm gleich das was gesagt wird, mißfällt, so läßt er doch der Art, wie es gesagt wird, Gerechtigkeit wiederfahren, ehe er anfängt, seinen Gegner zu widerlegen. Auch ist ist [sic] dies keine unbedeutende Höflichkeit, sondern, das Ohr des gebildeten Italiäners ergötzt sich wirklich am richtigen und schönen Ausdruck seiner Muttersprache, nicht blos bei öffentlichen Vorträgen, sondern auch im gemeinen Leben.

Wenn aber Wort und Thatkraft sich vereint, so kann die Bildung zu dem Grade steigen, wie sie es bei den berühmtesten Nationen war, die in der Geschichte glänzen. Die mächtige Wirksamkeit giebt als dann um Worte sein Gewicht, das Wort aber schreibt der Wirksamkeit ihr edles Maaß vor. Und in dieser Rücksicht hat die Sprache keinen wichtigeren Gegenstand als die öffentlichen Angelegenheiten einer Nation, deren Schicksal sich doch immer um den unmittelbaren Ausdruck des entscheidenden Gedanken drehet, welcher jeden Schritt, den sie thut, bestimmt.

Daß nun hiebei auf eine richtige Wahl des Ausdrucks alles ankomme, leuchtet von selber ein; und Euer Hochgräfliche Exzellenz haben durch mehr als ein Beispiel gezeigt wie das edle Wort die edle That rechtfertigt, und mit ihr Hand in Hand gehend, des unpartheiischen Beifalls der Nachwelt sich im Voraus versichern darf.

In der von Euer Hochgräflichen Exzellenz im Nahmen des Königlich-Preussischen Hofes entworfenen Beantwortung der Wiener Gegenschrift die bayerische Erbfolge betreffend, besitzt die deutsche Nation in ihrer Sprache ein Muster eines edlen und kraftvollen Geschäftsstils, der zugleich eine Sache zur Unterlage hat, welche ganz einer solchen Darstellung würdig ist.

In dieser Darstellung tritt die schönste That unsers verewigten Monarchen, aus den Verunglimpfungen, womit das entgegengesetzte Interesse sie zu verdunkeln suchte, in ihrem vollen Glanze hervor; und rechtfertigt sich bei der Nachwelt durch sich selbst, weil hier Sache und Wort in einem Punkte zusammentreffen.

Da nun keine öffentlichen Vorträge in Staatssachen bei uns statt finden, so sind musterhafte Staatsschriften dasjenige, was bei uns die Stelle der öffentlichen Beredsamkeit vertritt. Und je simpler nun hier das Verwinkelte dargestellt und je heller das Dunkle und Verworrene ins Licht gesetzt wird, um destomehr Verdienst ist das für unsre Zeiten, wo die Verhältniße sich fast bis ins Unendliche verwickelt haben, und der Ausdruck zum ältern unter der Sache erliegt.

Je schwerer daher Deutlichkeit und Klarheit in Staatsschriften zu erreichen sind, um desto mehr verdienen dieselben, wo sie diesen Vorzug haben, bei der Kultur der vaterländischen Sprache vorzüglich in Erwägung gezogen und als Muster gelesen und studirt zu werden.

Moritz, der am 6. Oktober 1791 als Ordentliches Mitglied in die Akademie gewählt wurde, hatte mit seiner Denkschrift den Kurator offenbar so sehr berührt, daß dieser ihm den Auftrag erteilte, die Institutionalisierung in konkrete Formen zu gießen. Aus diesem Auftrag entstand ein kurzes Papier, das die Rahmenbedingungen für die Deutsche Deputation präzise niederlegte und das sich bei den Akten befindet (I-V,13a, Bl. 24-24v):

Ew. hochgräflichen Exzellenz gnädigem Befehl gemäß habe ich die Ehre Hochdenenselben den folgenden vorläufigen Entwurf,

zu Ernennung einer akademischen Deputation zur Kultur der vaterländischen Sprache

unterthänigst vorzulegen.

1.) Zweck dieser Deputation

Die Kultur der vaterländischen Sprache zum Gegenstande der öffentlichen Aufmerksamkeit zu machen, und dadurch für das Studium derselben, unter allen Ständen, mehr Interesse zu erwecken.

2.) Geschäfte dieser Deputation

a.) Revision der Kultur der vaterländischen Sprache: alles was im Einzeln hierzu vorgearbeitet ist, zu prüfen, zu sammeln, und zu ordnen.

b.) Nebeneinanderstellung der verschiedenen Mundarten Deutschlands in einem allgemeinen Idiotikon, oder vollständigem Wörterbuche der Idiotismen.

c.) Prüfung und Auswahl solcher bedeutenden und ausdrucksvollen Idiotismen, welche würdig sind in die Büchersprache aufgenommen und in allgemeinen Umlauf gebracht zu werden.

d.) Prüfung neugeschaffener oder fremder Sprachen nachgebildeter Wörter, in wie fern sie beizubehalten, oder weil sie den ihnen unterliegenden Begriff nicht richtig oder nicht vollständig bezeichnen, andre an ihre Stelle in Vorschlag zu bringen sind.

3.) Mitglieder dieser Deputation

a.) Diejenigen hiesigen Mitglieder der Akademie, und hiesige Gelehrte, welche das Studium der vaterländischen Sprache zu ihrer eigenen Beschäftigung gemacht haben, oder sich auf eine oder die andre Weise dafür interessiren.

b.) Diejenigen auswärtigen Mitglieder der Akademie, welche als die vorzüglichsten Schriftsteller Deutschlands zu der Bildung der vaterländischen Sprache selbst beigetragen haben, und durch deren Beurtheilung und Stimme, die Aufnahme oder Verwerfung eines Worts vorzüglich entschieden werden muß.

Berlin d. 2ten Oktober 1791.

Moritz.

Die Kerngedanken, die die Beschäftigung mit der deutschen Sprache umreißen, sind: die Popularisierung des Grundanliegens; die Wissenschaftsgeschichte der deutschen Sprachforschung; die Schaffung von Mundartwörterbüchern; die vergleichende Mundartforschung; die Prüfung einer Bereicherung der deutschen Literatursprache mit Mundartwörtern; die Überprüfung von Neologismen und Fremdwörtern im Sinne der Sprachreinigung.

Über die Anregungen, wie sie von Karl Philipp Moritz gegeben wurden, erhob sich das am 29. September 1791 zugewählte Ordentliche Mitglied, der seit 1788 amtierende Berliner Oberkonsistorialrat Johann Friedrich Zöllner (1753-1804), der mit seinen organisatorischen und sachlichen Vorstellungen noch präziser als Moritz wurde. Da sein Ansatz im Brainstorming einen besonderen Schritt darstellte, sei auch sein Papier vom 9. Oktober 1791 hier zum ersten Mal abgedruckt (Akademiearchiv, I-V,13a, Bl. 28-29v):

Ideen zu einem Plane für die Deputation zur Beförderung der deutschen Sprachkenntnis.

Bei dem Plane, wie die Academie durch Beförderung der deutschen Sprachkenntnis, nach dem patriotischen Wunsche des Herrn Curators Excellenz, ihrer ursprünglichen Bestimmung genügen und sich ein wahrhaft großes Verdienst um die Nation und um den Ruhm des Vaterlandes erwerben könne, kommt es, wie mich dünkt auf Erörterung folgender drei Fragen an: 1) welches sind die Gegenstände, womit sich die Akademie beschäftigen müßte? 2) was wird zu einem jeden derselben besonders erfordert? 3) was kann die Academie, bei der jetzigen Lage der Dinge dazu thun?

I Die Gegenstände sind: Geschichte der deutschen Sprache, Sammlung des deutschen Sprache Schatzes, Etymologie und alles was sonst zur Grammatik gerechnet wird.

1) Die Geschichte der deutschen Sprache ist nicht nur an und für sich interessant, weil sie zu einer vollständigeren Kenntnis des deutschen Nationalgeistes in allen Perioden unmittelbar beiträgt, und den Muth zu einer Menge von philosophischen Bemerkungen verbietet; sondern sie lehrt auch die Quellen kennen, aus welchen sich die Hülfsmittel zur Bearbeitung der übrigen genannten Gegenstände schöpfen lassen.

2) Der deutsche Sprachschatz muß vor allen Dingen so vollständig als möglich gesammelt werden, wenn uns der große Reichtum, den wir in der That besitzen, so zu Statten kommen soll, daß wir ohne Schwirigkeit alle unsere Ideen in jeder Gattung des Stils darstellen und entbehrliche Fremdlinge auf immer verabschieden können.

3) Die Etymologie ist erforderlich, um den Wörtern in ihren verschiedenen Bedeutungen nachzuspüren und allen Forderungen der Grammatik überall mit Bewußtseyn des jedes maligen Grundes zu genügen.

4) Was übrigens zur Grammatik und zur Lehre vom Stil gerechnet wird, ist endlich gerade das, wodurch alle vorher benannten Untersuchungen erst ihre volle praktische Nutzbarkeit erhalten.

II. Zur zweckmäßigen Beschäftigung mit diesen Gegenständen ist erforderlich:

1) Zur Geschichte der Sprache, die wichtigsten Denkmähler derselben durch alle Perioden aufzusuchen und unter einander zu vergleichen. Es fehlt bis jetzt noch durchaus an einem Werke, worin diese Forderung erfüllt wäre; aber es giebt sehr schätzbare einzelne Baustücke, die benutzt und ergänzt werden könnten.

2) Zur vollständigen Sammlung des deutschen Sprachschatzes ist nöthig
   a) das Adelungische Wörterbuch, selbst in Rücksicht auf die Hochdeutsche Mundart mit unzähligen Wörtern zu ergänzen,
   b) den Reichtum aller Dialekte zusammen zu tragen, wozu zwar die Idiotica und die einzelnen zerstreuten Beiträge zu denselben viele Materialien liefern; aber bei weitem noch nicht eigene neue Nachforschung überflüssig machen.
   c) besonders die Kunstausdrücke der Handwerke, der Künste und mehrerer Wissenschaften zu sammeln. Bis jetzt ist in Ansehung derselben äusserst wenig gethan, da selbst unsere besten technologischen Schriftsteller unaufhörlich in Verlegenheit kommen, wenn sie die technischen Ausdrücke schreiben, oder angeben sollen, welche Wörter in den verschiedenen deutschen Provinzen üblich sind.

3) die Abstammung der deutschen Wörter muß in allen ältern und neueren, mit der unsrigen verwandten Sprachen aufgesucht werden. Adelung hat mit Hülfe seiner Vorgänger, hierin schon viel geleistet; aber theils bedürfen seine Ableitungen noch mancher Revision, theils erstreckt sich sein Wörterbuch nur auf die hochdeutsche Mundart, d.h. etwa auf die Hälfte aller deutschen Wörter.

4) In der ganzen Grammatik herrscht noch viel Unbestimmtes und Willkürliches, und selbst über die ersten Prinzipien wird noch mit starken Gründen von beiden Seiten gestritten. Die grammatischen Regeln müsten demnach mehr in dem Genius der Sprache selbst, mit Beihülfe der Philosophie über die Sprachen überhaupt und der Vergleichung alter und neuer Sprachen aufgesucht und die Entscheidungsgründe in streitigen Fällen klarer dargelegt werden. Gerade hier könnte vielleicht das Ansehen einer Academie, die sich als eine competente Rüsterinn bei dem Publicum legitimirt hätte, den wohlthätigsten Einfluß haben; denn ungeachtet es in der Sprache keine willkürlichen Gesetze geben darf, und nichts verderblicher ist, als die Freiheit der Schriftsteller durch Machtsprüche zu binden: so giebt es doch eine Menge von wahren Vorbestimungen, die augenblicklich allgemein würden angenommen werden, sobald die Schriftsteller eine Autorität vor sich hätten, auf welche sie sich berufen dürften.

III Was kann aber eine von der Academie zu ernennende Deputation bei der jetzigen Lage der Dinge zur Erfüllung dieser Forderungen thun? Dies ist die wichtigste und zugleich schwierigste Frage.

Bestünde diese Deputation aus Männern, welche ihre Muße aus schließend den oben genannten geschäften widmen könnten, so wäre die Aufgabe bald gelöst; denn alsdann dürften nur geradezu die einzelnen Untersuchungen, auf einem leicht zu entwerfenden Plane, unter die Mitglieder vertheilt werden. Der Eine widmete seinen Fleiß den alten Denkmählern der Sprache, der andere wählte einige mit einander verwandte Dialekte, der dritte studierte ein paar mit einander verwandte Sprachen in etymologischer Rücksicht u.s.w.

Aber jedes Mitglied der Deputation kann nur einen Theil seiner sparsam zugemessenen Muße dieser Beschäftigung widmen; und so entsteht die Frage: wie diese fragmentarischen Bemühungen am besten auf einen gemeinschaftlichen Mittelpunkt gelenkt werden und in welcher Ordnung die zu leistenden Beiträge auf einander folgen könnten. Es scheint, daß

1) alles gesammlet werden müste, was zu den angeführten Zwecken brauchbar ist, das heißt, möglichst viele alte Denkmähler der Sprache, alle älteren und neueren Glossaria, Lexica, Idiotica, auch die einzelnen zerstreuten Beiträge zu denselben aus periodischen Schriften, Reisebeschreibungen, in Programmen pp., dann die einzelnen Grammatiken und Schriften zur Geschichte der deutschen Sprache.

Manches davon besitzen die Mitglieder selbst, manches ist auf der königl. Bibliothek. Es wäre gut, wenn jeder das verzeichnete, was ihm als Hülfsmittel bekannt ist und brauchbar scheint, und anzeigte, ob er es selbst besitze, damit im entgegen gesetzten Falle auf der königl. Bibliothek darnach gefragt und es, wenn es dort nicht zu finden wäre, allmählich angeschafft werden könnte.

Wegen der Benutzung solcher Hülfsmittel, welche nicht angeschafft werden können z.E. alter Manuskripte, oder sehr seltener Druckschriften, auch zur Erforschung der Provinzial-Ausdrücke und Redensarten, wovon man nichts Vollständiges in den Idiotica findet, könnte man sich an auswärtige Mitglieder der Academie, an andere Gelehrte, an Reisende wenden, vielleicht auch nach und nach Correspondenten ernennen.

2) müste jedes Mitglied der Deputation sich irgend ein Fach auswählen, dem es seinen Fleiß ganz vorzüglich widmen wollte. Ich z.B. bin erböthig den Sprachschatz der Handwerke, der Künste, der Naturforscher und Chemiker vornehmlich zu bearbeiten,

3) Die Mitglieder der Deputation müsten etwa monatlich bestimmte Zusammenkünfte halten, in welchen jeder das, was er in der Zwischenzeit zum gemeinschaftlichen Zweck gethan hätte, anzeigte, Entdeckungen mittheilte, Zweifel vortrüge, und mit einem Worte, die Kenntnis der Uebrigen für sein specielles Fach benutzte.

Die Geschäfte eines Secretärs der Deputation, welcher über die Verhandlungen derselben ein Protocoll führte, die eingelaufenen Abhandlungen, Briefe p verzeichnete, aufbewahrte und in Ordnung hielte, müsten etwa von den Mitgliedern der Reihe nach, (von jedem ein halbes oder ganzes Jahr) besorgt werden. Vielleicht würde es in mehrerer Rücksicht auch zuträglich seyn, auf eine ähnliche Art einem Mitgliede das Directorium bei den Zusammenkünften, der Reihe nach, oder durch Wahl der mehresten Stimmen, auf ein halbes oder ganzes Jahr zu übertragen.

4) Was die Deputation richtig genug erachtete, könnte dem Publicum durch den Druck bekannt gemacht werden, um darüber die Stimmen, Beiträge und Berichtigungen des gelehrten Deutschlandes zu sammlen.

5) Ueber die wichtigsten Untersuchungen können von Zeit zu Zeit Preisaufgaben ausgesetzt werden.

6) Wenn durch diese fortgesetzten Bemühungen hinlängliche Materialien gesammlet wären, so könnte dann zur Ausarbeitung einer Geschichte der deutschen Sprache, eines Wörterbuchs und einer Grammatik geschritten werden, über deren Einrichtung, Abfassung u.s.w. auch dann erst Beschlüsse zu fassen seyn würden.

7) Sobald die Mitglieder der Deputation sich über einen Plan zu ihren Arbeiten vereinigt hätten, könnte derselbe der ganzen Academie, vielleicht auch dem Publicum vorgelegt werden; und alle Jahre, etwa am Stiftungstage, könnte eine allgemeine Anzeige von dem Fortgang der Beschäftigungen, von Erweiterung des Plans pp. geschehen. Uebrigens würde die Deputation die übrigen Mitglieder der Academie, so wie andren Gelehrten, zu Rathe ziehen.

8) Die Vorschläge jedes Mitgliedes zu einem Plane müsten zum schriftlichen Votiren bei allen übrigen zirkuliren und dann in einer Conferenz ein Beschluß darüber gefaßt werden.

Zöllner

d. 9ten 8br. 1791.

Im Hinblick auf Borrellys lexikographische Intentionen sei Zöllners diesbezügliche Anregung zusammengefaßt: Die vollständige Sammlung des deutschen Lexikons möge die Weiterführung des Adelungschen Wörterbuches[22] im Sinne einer Ergänzung, die Sammlung des mundartlichen Wortschatzes sowie die Sammlung von Fachwörtern der Handwerke, Künste und Wissenschaften umfassen. Auf dem Gebiet der etymologischen Forschung fordert Zöllner, die Abstammung der deutschen Wörter zu erhellen und im Sinne der historischen Semantik deren verschiedene Bedeutungen aufzuzeigen. Schlußendlich müsse es das Ziel sein, den großen Reichtum der deutschen Sprache bewußt zu machen und der Anwendung zuzuführen.

Durch Hertzberg, der der Spiritus rector der Deutschen Deputation war, erfolgte die Rückbesinnung auf eine Tradition der Berliner Akademie, die mit der Akademiereform bei Friedrichs Thronbesteigung abgebrochen und die von Gottfried Wilhelm von Leibniz (1646-1716), dem ersten Präsiden-

---

22 Johann Christoph Adelung (1732-1806), „Grammatisch-kritisches Wörterbuch der hochdeutschen Mundart“, Bände 1-5, Abt. 1 (Leipzig 1774-1786). Die zweite Auflage in 4 Bänden erschien 1793-1801. Außerdem veröffentlichte Adelung einen „Auszug“ in 4 Bänden (Leipzig 1793-1802).

ten der im Jahre 1700 gestifteten Brandenburgischen Sozietät der Wissenschaften, im Hinblick auf die Pflege der deutschen Sprache begründet worden war. Am 9. Januar 1792 schrieb Hertzberg über die neue Aufgabe der Akademie an Friedrich Wilhelm II. (vgl. Harnack 1900, II: 323 f.): „[...] son grand dessein est, d'exécuter le grand projet philosophique de Leibnitz, de faire toutes les recherches et méditations possibles, pour enrichir et pour purifier en même tems la langue allemande, surtout pour lui donner toute la précision et élégance, dont elle peut être susceptible, et de préparer ainsi les matériaux, sur lesquels on puisse rédiger après quelques années, non seulement une bonne Grammaire, mais aussi un Dictionnaire encore plus parfait que celui du Sr. Adelung et en même tems une histoire complette de la langue allemande, laquelle on croit pouvoir rendre de cette manière la plus parfaite de l'Europe, au plus grand honneur du Règne de Votre Majesté et de l'Académie, dont c'est la vocation particulière, d'après l'exemple des autres Académies de l'Europe, de perfectionner la langue de son pays. [...]".

Bei dem Hinweis auf Leibniz dachte Hertzberg an dessen Schrift aus dem Jahre 1697 „Unvorgreifliche Gedanken, betreffend die Ausübung und Verbesserung der teutschen Sprache", die allerdings erst im Jahre 1717 veröffentlicht wurde[23] und ein Evangelium der Deutschen Deputation werden sollte. Offiziell wurde das Projekt dieser Deputation in der öffentlichen Sitzung der Akademie vom 26. Januar 1792 vorgestellt. Die Reden dieser Sitzung wurden – zusammen mit Leibnizens Werk in der deutschen Originalfassung und in französischer Übersetzung – in „Discours qui ont été lus dans l'Assemblée Publique de l'Académie des Sciences de Berlin tenue le 26. janvier 1792. On a ajouté le plan du célèbre Leibnitz sur la culture et la perfection de la langue allemande.", Berlin 1792, gedruckt.

Im Hinblick auf die Wörterbucharbeit weist Leibniz 1697 darauf hin, daß man in Italien und Frankreich dank des segensreichen Wirkens der dortigen Sprachakademien schon wesentlich weiter als in Deutschland sei. Und er schreibt seine Forderungen im Absatz 33:

> Nun wäre zwar freilich hierunter ein grosser Unterschied zu machen, mithin was durchgehends in Schriften und Reden wackerer Leute üblich, von der Kunst und Landworten, auch fremden und veralteten zu unterscheiden. Ander Manchfeltigkeiten des gebräuchlichen selbst anjetzo zu geschweigen, wären

---

23 Die Schrift wurde von Ludwig Dutens auch in den „Leibnitii opera omnia", Band 6, Teil 2 (Genf 1768), S. 6 ff. aufgenommen.

> derowegen besondere Werke nöthig, nehmlich ein eigen Buch vor durchgehende Worte, ein anders vor Kunstworte, und letzlich eines vor alte und Landworte, und solche Dinge, so zu Untersuchung des Ursprungs und Grundes dienen, deren ersten man *Sprachgebrauch*, auf Lateinisch *Lexicon*; das andere *Sprachschatz*, oder *cornu copiae*; das dritte Glossarium, oder *Sprachquell* nennen möchte.

Zur Erleichterung des Verständnisses sei hier noch die gleiche Passage in französischer Übersetzung angefügt:

> Il y aura sans doute une grande distinction à faire entre les mots, & les phrases, dont des hommes savans se servent dans leurs écrits, & dans leurs discours, d'avec ceux qui ne sont propres qu'à de certaines professions, & provinces, & d'avec ceux qui sont inusités, ou étrangers; & afin d'introduire dans cette entreprise le plus d'ordre qu'il est possible, je dirai qu'il faudroit la reduire au moins à trois ouvrages particuliers, dont l'un ne contint que les mots d'usage, l'autre les mots des arts, & le troisième renfermât tous les vieux mots, ceux des provinces, & autres, qui conduisent à la découverte des étymologies; le premier s'appelleroit Dictionnaire ou Lexicon; le second *Trésor de la langue* ou *Cornucopiae*, & le troisième *source de la langue*, ou *Glossarium.*

Aufgrund der Differenzierung zwischen der Umgangssprache, der Sprache von Gelehrten und Handwerkern, den Mundarten und ungebräuchlichen oder Fremdwörtern kam Leibniz also zur Forderung nach drei Arten von Wörterbüchern: einem Wörterbuch der Umgangssprache; einem Wörterbuch der Fachsprache; und einem Wörterbuch für veraltete Wörter und Provinzialismen, auch mit dem Blick auf etymologische Fragen.

Der Sitzungsbericht der Akademie vom 23. August 1792 (I-IV,33) notiert in gewohnter Kürze: „Mr Borelli présente un exemplaire de ses „Considérations sur le Dictionnaire de la langue allemande". Jean-Alexis Borrelly stellte sein heute als Rarität geltendes Werk „Considérations sur le dictionnaire de la langue allemande, conçu autrefois par Leibnitz, et maintenant exécuté par une société d'académiciens; sous les auspices de M. le Comte de Hertzberg" vor, das gerade in Berlin erschienen war und mit dem Zusatz, daß das Wörterbuch schon in Arbeit sei, freilich zuviel versprach, da man zu dem Zeitpunkt noch gar nicht daran denken konnte.

Borrelly nimmt ausdrücklich Bezug auf die für die Wende so entscheidende Sitzung vom 26. Januar 1792, in der die Beschäftigung mit der deutschen Sprache *ex cathedra* durch den Kurator Hertzberg institutionalisiert wurde. Borrelly fühlte sich veranlaßt, im Rahmen seiner Kräfte zum

Gelingen der Leibnizschen Vorstellungen oder Skizzen zur Pflege und Verbesserung der deutschen Sprache beizutragen, wiewohl er aus Nationalitätsgründen der Deutschen Deputation nicht angehören konnte. Er sah aber die Notwendigkeit, über den Plan Leibnizens im Detail nachzudenken und ihn zu kommentieren. Insbesondere war es ein Anliegen Borrellys, seine Sprachauffassung darzustellen und seine persönliche Sicht der Leibnizschen Gedanken aufzuzeigen. Wenn dieses Vorgehen die Billigung der Akademie und der Öffentlichkeit fände (es fand sie aber aus den bekannten politischen Gründen nicht), erböte sich der Verfasser, weitere sprachwissenschaftliche Arbeiten anderer Autoren Frankreichs kommentierend zu erklären.

Wenn wir uns im folgenden mit den Positionen Borrellys näher beschäftigen, liegt uns daran, deutlich zu machen, wo der Autor mit Leibniz konform geht, wo er dessen Auffassungen unterstützt und wo es zu Differenzen kommt. Methodisch ging der Autor so vor, daß er zunächst in kursiver Schrift eine These von Leibniz aus dessen „Unvorgreiflichen Gedanken" (französische Fassung von 1792) abdruckt und diese dann in Normalschrift kommentiert.

In der vorliegenden Schrift ging es Borrelly allerdings zunächst um das Wörterbuchprojekt. Ein Wörterbuch brauche jeder Mensch oder jede Sprache; es ist ein universelles Wörterrepertorium oder ein Tresor der die Ideen (Vorstellungen) darstellenden Zeichen. Jedes Land habe sein oder seine nationalen Wörterbücher: Frankreich (Richelet, Danet, Joubert, Buffier, la Martiniere, Trevoux, Académie française), Italien, Spanien, England, Rußland. Doch jedes Wörterbuch könne verbessert werden. Das würde auch für Deutschland zutreffen; aber der „Versuch eines vollständigen grammatisch-kritischen Wörterbuches Der Hochdeutschen Mundart, mit beständiger Vergleichung der übrigen Mundarten, besonders aber der oberdeutschen" (Leipzig 1774 ff.) von Johann Christoph Adelung (1732-1806), der in Deutschland längst Furore gemacht hatte, wurde von Borrelly bezeichnenderweise nicht erwähnt. Es war für ihn sicher bedeutungslos, weil er kein Deutsch konnte; und daher gestand er auch, daß er sprachlich nicht im Stande wäre, Leibniz im Original zu lesen, daß er sich vielmehr der nicht immer korrekten französischen Übersetzung bedienen müsse, ein Geständnis, daß dem Verfasser in seiner disqualifizierenden Ehrlichkeit folgerichtig einige harsche Vorurteile eintrug.

Unter sprachphilosophischem Gesichtspunkt genügte es Borrelly, mit Leibniz hier die Sprache trotz sensualistischer Positionen auf den Status eines Kommunikationsmittels zu reduzieren, d.h. die Sprache wird als Verständigungsmittel betrachtet; das Primat wird natürlich dem Denken zugestanden. Das bedeutete für Borrelly, daß mit der Sprache auf das Denken geschlossen werden kann, daß sich mit dem Denken auch die Sprache weiterentwickeln müßte.

Aber bis zu Leibnizens Zeiten bediente sich die universelle Gelehrtenrepublik einer Gelehrtensprache, des Lateinischen, so daß die Volkssprache nur eine verzögerte Entwicklung nehmen konnte; erst die Philosophen (im weitesten Sinn des Wortes) könnten das grobe Gerüst der Volkssprache formen. Das würde nicht die Möglichkeit eines großen sprachlichen Reichtums des Deutschen ausschließen: es betrifft insbesondere den anerkannt guten Wortschatz des Bergbaus, der Landwirtschaft oder des Schiffahrtswesens. Auf der anderen Seite gebe es Mängel im Wortschatz des abstrakten Denkens, der Wissenschaften und Künste.

Borrelly kritisiert das Fehlen des theoretischen Denkens, das in den Schulen zugunsten des Pragmatismus nicht gelehrt werde: in erster Linie eine Kritik an der deutschen Schule, die das Gedächtnis mit toten und lebenden Sprachen, mit praktischen Dingen, mit Geschichtsdaten, Beredtsamkeit, Poesie, antiken und modernen Schriftstellern überfrachte, aber die Entwicklung der Fähigkeiten des Geistes vernachlässige, den Dingen nicht auf den Grund gehe, den Geschmack, die Ästhetik unbeachtet lasse. Das, was man als Kritik bezeichnet, werde in den deutschen Schulen nicht gelehrt. Die Schuld an dieser fatalen Entwicklung tragen in der Sicht Borrellys die Regierungen in den deutschen Ländern; deren Einstellung habe sich erst in letzter Zeit gewandelt. Borrelly hebt die Impulse hervor, die von Friedrich Wilhelm II. im Hinblick auf die Förderung der deutschen Sprache ausgehen. Er kritisiert aber gleichzeitig, daß auf der anderen Seite nun die großen Schriftsteller Frankreichs völlig mißachtet würden, was schon nicht mehr mit einem Übermaß an patriotischem Gefühl entschuldigt werden könne. In dieser Frage ruft Borrelly eher zu einem mehr kosmopolitischen Bewußtsein auf.

Zum anderen gebe es nach dem philosophischen Licht, wie es die deutsche Aufklärung durch Leibniz und Wolff erfuhr, nunmehr die philosophische Nacht eines Kant, der seine geistigen Kräfte für Nichtigkeiten verschwende; für die Franzosen, auch für die Ideologen, stieß das Transzendentale in der Kantschen Methode auf Unverständnis; die Deutschen, so Borrellys Rat, sollten sich anderen philosophischen Fragen zuwenden, um in ihrer geistigen Entwicklung fortzuschreiten.

Daß die deutsche Sprache zur Entwicklung fähig sei, möge man daran sehen, wie sehr sie sich z.B. seit Leibniz fortgebildet hat, gerade auf dem Gebiet des Abstrakten, der verfeinerten Kultur, der Seelenbewegungen. Es fehlt nach Borrellys Ansicht wohl eher der Wille bei den Deutschen, sich bewußt bei der Verfeinerung der deutschen Sprache zu engagieren. Die Fähigkeit dazu könne man ihnen auf jeden Fall nicht absprechen. Bei den unterschiedlichen Verhaltensweisen der Völker spielen das Klima, die Erziehung, der Genius loci, die Staatsverfassung (die Regierung) eine Rolle, was aber nicht überbewertet werden sollte. Ausschlaggebend sei das Wollen.

Dabei redet Borrelly einem bedingungslosen Purismusgedanken nicht das Wort; eine Sprache brauche eine gewisse Freiheit; es müsse ihr gestattet sein, alte Wörter neu zu beleben oder Wörter aus anderen Sprachen aufzunehmen, wenn dadurch Ideen präziser und markanter ausgedrückt werden können. Als Muster stellt er das nachrevolutionäre Frankreich hin, in dem viele neue Ideen bezeichnet werden mußten, wozu viele ungewöhnliche, veraltete oder neugebildete Ausdrücke herangezogen wurden. Fremdwörter allerdings müssen dem Geist der rezipierenden Sprache angepaßt werden; das gelte besonders für die Deutschen, die sich darin schwertun. Den Franzosen gehe es da leichter mit ihren Lehnwörtern.

Nun wendet sich Borrelly im Verfolgen der Leibnizschen Gedanken der Wörterbucharbeit zu. Leibniz hatte die italienische Accademia della Crusca ebenso wie die Académie française in ihrer Wörterbucharbeit kritisiert und ihnen eine Engstirnigkeit in der Auswahl des Wortschatzes vorgeworfen. Für Borrelly ist ein Wörterbuch eine alphabetische Sammlung aller Wörter einer Sprache, die einen Gegenstand oder einen Gedanken ausdrücken. Das habe nichts mit gut oder schlecht zu tun; vielmehr sei es die Aufgabe eines Wortes, eine Idee zu evozieren, für die es das Zeichen darstelle. Sogar veraltete Wörter dürfen nicht der Aufmerksamkeit entgehen; sie könnten immer noch vorteilhaft verwendet werden. Keine Gelehrtengesellschaft sollte sich anmaßen, alles und jedes in der Sprache vorzuschreiben; hier habe Despotie nichts zu suchen. Das einzige, was zählt, sei die *opinion générale* (die Billigung oder die Macht des Gebrauchs), gegen die keine Akademie angehen könne; das beziehe sich gleichermaßen auf die Orthographie und die Aussprache. Das Kriterium für den Gebrauch dürfe nur der Bedarf, die Notwendigkeit eines Wortes bilden. Die Güte des Wortes hänge dann davon ab, ob es den Begriff gut wiedergibt und ob es sich dem Sprachgeist angepaßt hat. In diesem Zusammenhang spricht sich Borrelly auch für die Aufnahme von Fremdwörtern im Deutschen aus, wenn diese notwendig sind und „naturalisiert“ werden, d.h. wenn sie in ihrem Habitus dem Deutschen angepaßt werden.

Im übrigen macht sich Borrelly Leibniz' Forderung zueigen, sich im Hinblick auf die Weiterentwicklung der Sprache zuerst mit den Wörtern zu befassen; einerseits müssen in diese Forschung zunächst sämtliche Wörter einbezogen werden; andererseits wird es in einem zweiten Schritt notwendig, sie nach Wortarten zu gruppieren und zu bewerten. Borrelly geht nun über Leibniz hinaus und präzisiert die Methode, die es nach seiner Meinung anzuwenden gilt und nach der die Deutsche Deputation bei der Herstellung eines neuen Wörterbuchs der deutschen Sprache vorgehen sollte. Damit kommt der Verfasser zu seinem eigentlichen Anliegen. Er geht von einer Mitgliederzahl der Deutschen Deputation von 15 aus (womit er entschieden zu hoch griff), die sich der lexikographischen Arbeit widmen müßte.

In einem ersten Schritt sollten sich die Mitglieder verständigen, mit welcher Wortart (*nature des mots*) sich jedes einzelne ausschließlich befassen solle; die Mitglieder müßten sich in fünf Klassen zu je drei Mitarbeitern einteilen. Borrelly schlägt konkret vor:

1. Klasse: Eigennamen u.ä.
2. Klasse: Substantive
3. Klasse: Adjektive
4. Klasse: Verben und davon abgeleitete Partizipien
5. Klasse: Pronomina, Artikel, Präpositionen, Konjunktionen, Interjektionen, Adverbien.

Ein solcher Schematismus mußte freilich Widerspruch heraufbeschwören, da er für die Behandlung des deutschen Wortschatzes höchst unpraktisch wäre.

In einem zweiten Schritt müßten alle schon vorhandenen Wörterbücher ausgewertet werden ebenso wie die besten zeitgenössischen und älteren Werke der Wissenschaften, der Literatur und der Künste. Dabei wären auch solche Stilebenen zu berücksichtigen wie *noble, gracieux, orné* oder *simple, familier, badin.*

Wenn dann alle Wörter der Sprache unterschiedslos ausgezogen seien, würden sie in einem dritten Schritt alphabetisch geordnet und näher untersucht werden. Diese nähere Untersuchung betrifft die Stilebene, die Semantik, die Abgrenzung, Erb– oder Fremdwörter, alt oder neu, landschaftliche Eingebundenheit usw. Schließlich würden im vierten Schritt die allgemeinsprachlichen von den technischen Wörtern geschieden werden; es wird die Verwendung im eigentlichen oder übertragenen Sinn geprüft; Feststellung von Synonymen und deren Bedeutungsnuancen.

Leibniz hatte bekanntlich drei Wörterbücher vorgeschlagen: ein allgemeinsprachliches, ein technisches, eines mit veralteten Wörtern, Provinzialismen, zum Zweck etymologischer Aufhellungen. Diese Dreiteilung bildete für Borrelly eine *Conditio sine qua non*, denn richtete man sich nicht nach ihr, würde man die Fehler der meisten schon vorhandenen Wörterbücher nur wiederholen.

Für das allgemeinsprachliche Wörterbuch sieht Borrelly die Umgangssprache vor. Die Wörter sollen mit ihrer ursprünglichen Bedeutung dargestellt werden; Borrelly warnt in diesem Stadium davor, die Frage der Synonyme aufzuwerfen. Für Synonyme bedürfe es der Spezialwerke; der Verfasser erinnert an die methodischen Prinzipien der Synonymie des Abbé Gabriel Girard (1677-1748) „Justesse de la langue françoise“ von 1718; von Nicolas Beauzée (1717-1789) „Synonymes françois, leurs différentes significations, & le choix qu'il en faut faire pour parler avec justesse“ (2 Bände, Paris 1769); von André Roubaud (1730-1791) „Les Nouveaux Synonymes françois“ von 1785; von César Chesneau Du Marsais (1676-1756) „Traité des tropes“ von 1730, eine Metaphernstudie. Gerade das Metaphernproblem wäre nach Borrellys Ansicht in einem Wörterbuch schwer abzuhandeln, da man es nicht mit literarischen oder philosophischen Erörterungen überfrachten könne. Auch sollte das allgemeinsprachliche Wörterbuch frei von technischen Ausdrücken sein, da ein solcher Wortschatz, gemeint ist der der Wissenschaften, der Künste, der Industrie, nur von einer beschränkten Anzahl von Fachleuten gebraucht wird; Borrelly regt sogar für jedes Fachgebiet ein eigenes Wörterbuch an, so für Physik, Mechanik, Geometrie, Algebra, Chemie, Botanik, Pharmazie, Anatomie, Medizin u.a., also Wörterbücher, die in der Tat nur Fachleuten dienen könnten. Hier stimmt Borrelly fast mit Leibniz überein, der ja auch ein eigenständiges Wörterbuch der *termini technici* gefordert hatte, allerdings eben nur eines, gedacht als Sprachtresor.

Und schließlich kommt Borrelly zu Leibnizens Glossar, dem „Sprachquell“, in dem sich die veralteten und dialektalen Wörter wiederfinden sollten und das zu etymologischen Zwecken dienen könnte. Dabei erinnert Borrelly an ein in Frankreich verfaßtes Analogon von Du Cange (1610-1688) „Glossarium ad scriptores mediae et infimae latinitatis“ (1678,

[2]1733) oder die von Pierre Carpentier (1697-1767) besorgte sechsbändige Neuauflage mit einem vierbändigen Supplement von 1776. Darin wurden die Lehnwörter und Neubildungen im Mittellatein, die im klassischen Latein nicht existierten, untersucht. Borrelly empfiehlt Du Cange als Modell für ein historisches Wörterbuch, und er wünscht, daß die noch gebräuchlichen Wörter aus dem Leibnizschen Glossar herausgenommen und in das allgemeinsprachliche Lexikon eingearbeitet werden; diese Maßnahme wäre für die Schriftsteller von Vorteil. Borrelly: „Tels sont les modèles que les Allemands ont à se proposer" (79)[24].

Und mit Leibniz ist Borrelly der Auffassung, daß die Franzosen mit ihrem allgemeinsprachlichen Wörterbuch der Akademie[25] von 1694 bereits einen Schritt in die richtige Richtung getan haben. Leibniz hatte nur die erste, nach Wurzeln (etymologisch) geordnete Auflage gekannt; die zweite war zwei Jahre nach seinem Tod erschienen, im Jahre 1718, in dem die Akademie die wenig nutzerfreundliche Wurzelordnung zugunsten der alphabetischen aufgegeben hatte; die Orthographie war allerdings nicht verändert worden. Die dritte Auflage von 1740 verbesserte die Definition der Wörter, auch hinsichtlich des Stilwertes, und fügte viele gutgewählte Beispiele hinzu. Die vierte Auflage von 1752 war stark erweitert worden; orthographisch war bemerkenswert, daß die Vokale i und u von den Konsonanten j bzw. v getrennt wurden; ferner daß die Orthographie allgemein der längst veränderten Aussprache angepaßt wurde. Borrelly kritisiert aber auch diese akademischen Wörterbücher: in der vierten Auflage waren wissenschaftlich-technische Wörter aufgenommen worden, wofür nach seiner Ansicht ein getrenntes Wörterbuch angebrachter gewesen wäre. Ferner hat die Akademie die alten, ungebräuchlichen Wörter weggelassen, was, wie er meint, die Sprache eher verarmte als reinigte. Er macht auch den Vorwurf, daß die Akademie vor der Definition eines Wortes bereits die Synonyme oder metaphorischen Anwendungen aufgeführt hat; die Problematik der Synonyme und Metaphern sei ohnehin zu oberflächlich behandelt, es wäre besser gewesen, auf sie überhaupt zu verzichten. In ihrer Einseitigkeit habe die Akademie aus falschverstandener *délicatesse* sehr viele für die Sprache wichtige Ausdrücke nicht aufgenom-

24 Zum Problemfeld der französischen Wörterbücher sei auf Georges Matoré „Histoire des dictionnaires français" (Paris 1968) verwiesen.

25 Zur Frage der Akademiewörterbücher vgl. Inge Popelar „Das Akademiewörterbuch von 1694, das Wörterbuch des Honnête Homme?" Dissertation Universität Berlin, Berlin 1962 (Beiheft Nr. 152 der „Zeitschrift für romanische Philologie").

men, weil sie die sprachtheoretischen Werke zu dem Thema vernachlässigt hatte.

Borrelly hebt das auch technische Wörterbuch von Antoine Furetière (1619-1688) hervor: „Dictionnaire universel, contenant généralement tous les mots français, tant vieux que modernes, et les termes des sciences et des arts", Rotterdam 1690[26], ein Konkurrenzunternehmen zu dem der Akademie, aus der der Autor 1685 ausgeschlossen worden war; die Anordnung ist aber alphabetisch.

Und dann weist Borrelly mit Leibniz auf den „Dictionnaire étymologique" von Gilles Ménage (1613-1692) hin, ursprünglich angelegt als „Origines de la langue françoise" von 1650. Dieses Wörterbuch gehe auf die Quelle der alten oder veralteten Wörter zurück und betrachte jene Wörter, die höchstens noch in der Landwirtschaft verwendet werden; also ein Muster für das Leibnizsche Glossar.

Die Hinweise Leibnizens auf die lexikographischen Arbeiten der italienischen Crusca und der Académie française nimmt Borrelly zum Anlaß, darauf aufmerksam zu machen, daß die Mitglieder jener Akademien zu starke oder – besser – eigenwillige Persönlichkeiten waren, als daß sie in einer gemeinsamen Wörterbucharbeit konsensfähig wären. Die Geschichte habe bewiesen, daß ein einzelner *homme de génie* viel eher eine lexikographische Arbeit zu einem guten Ende bringen kann als eine Gruppe. Eine Ausnahme würde allerdings die Berliner Akademie bilden, deren Mitglieder der Deutschen Deputation – er traue es ihnen zu – sich durchaus auf feste Regeln einigen würden, um unnötigen Disputen aus dem Weg zu gehen oder gar eine Spaltung herbeizuführen.

Leibniz konzediert dem Wörterbuch der Crusca, daß es ihm gelungen sei, den allgemeinsprachlichen Gebrauch vom technischen Wortschatz zu trennen. Er hatte wohl die dritte Auflage dieses nunmehr dreibändigen Wörterbuches aus dem Jahre 1691 vor Augen. Wiewohl diese Ausgabe im Vergleich zu den beiden früheren einbändigen von 1612 bzw. 1623 bedeutend erweitert worden war, wies sie aber doch alle die alten Fehler unkorrigiert und unkritisch auf. Herausgeber dieser ersten beiden Ausgaben war der italienische Literat Bastiano de' Rossi; unter seiner Leitung wurde *nolens volens* die Tradition der Crusca-Wörterbücher begründet, sich vorrangig auf die Sprache der Trecentisten zu stützen, so daß eher altitalienische Wörterbücher entstanden waren. Die moderne Sprache fand

---

26 nicht 1660, wie Borrelly (83) schreibt.

nur insoweit Berücksichtigung, wenn sie sich im 14. Jahrhundert begründen ließ.

Borrelly hatte inzwischen schon die vierte, sechsbändige Ausgabe von 1729-1738 vor Augen, eine gleichermaßen unvollständige Ausgabe, die nach wie vor das Altitalienische berücksichtigt und unter dem Gesichtspunkt der modernen Sprache höchstens ein florentinisches Idioticon bietet (vgl. dazu Blanc 1829). Leibniz hatte den Mitgliedern der französischen Akademie die Fehler des italienischen Projekts und die Bedeutung klar definierter *termini technici* für die Wissenschaften vor Augen geführt. Borrelly interpretiert Leibniz so, daß jener wollte, daß die französischen Lexikographen ihr Projekt gegenüber dem italienischen erweitern und ein zweites, eben ein technisches Wörterbuch schreiben sollten. Jedoch verschloß sich die französische Akademie den Einwänden von Leibniz. Und das Schicksal Furetières, der ein Konkurrenzunternehmen gestartet hatte, ist bekannt; für Borrelly ein Zeichen akademischer Despotie.

Den Deutschen bescheinigte Leibniz ausgezeichnete Fortschritte auf den Gebieten der experimentellen Physik und der Mechanik, woraus doch ein gutes Wörterbuch dieser Terminologie entstehen sollte. Damit würden weitere Forschungen und Erfindungen angeregt werden können. Borrelly ermuntert die deutschen Akademiemitglieder ausdrücklich, diesen Gedanken zu verwirklichen. Er gibt zu bedenken, daß gerade technische Neologismen Neugier wecken, die Begriffe kennenzulernen, die sie bezeichnen; insofern wäre ein solches Wörterbuch eine verdienstvolle Sache.

Leibniz hatte auch erkannt, daß die Erforschung der deutschen Sprache ebenfalls für das Französische, Italienische, Spanische und Englische bedeutsam wäre, da das Deutsche (deutsch hier in der Bedeutung als germanisch, wie es auch von Jacob Grimm verstanden wurde) diese Sprachen beeinflußt habe. Borrelly bleibt mit seinem Kommentar dazu hinter dem zeitgenössischen Wissensstand [die Schriften und richtigen Erkenntnisse des Pariser Bibliothekars und Paris-historiographen Pierre-Nicolas Bonamy (1694-1770) über die Frühgeschichte des Französischen kannte er offensichtlich nicht. Vgl. zu Bonamy: Albrecht 1975.] zurück, wenn er meint, daß in Frankreich das Deutsche auf das Lateinische getroffen sei. Borrelly ließ dabei die substratische Rolle des Keltischen unberücksichtigt, und er redete der Frankomanie das Wort in der Aussage, daß selbst noch heute die Franzosen anerkennen würden, daß die Franken ihre Väter gewesen seien. Mit dieser im Frankreich des 16. bis 18. Jahrhunderts gängigen These rechtfertigte der französische Adel seine absolutistische Position als direkte Nachfolger der Franken. Theoretisch begründet wurde diese Auffassung von dem französischen Historiker Henri de Boulainvilliers (1658-1722). Wie dem auch sei, sowohl Leibniz als auch Borrelly *a fortiori* waren sich der Bedeutung eines deutschen etymologischen Wörterbuchs für die Sprachgeschichte der europäischen Völker bewußt. Leibniz schreibt selbst, daß er über etymologische Fragen mit bedeutenden Gelehrten korrespondiert habe, daß dabei immer das Bedürfnis nach einem etymologischen Wörterbuch bekundet wurde. In seinem Kommentar begeht Borrelly einen üblen Fehler, der auch seinen Kritikern nicht aufgefallen ist (selbst Reinwald [s.u.] fiel darauf herein) und der eigentlich zeigt, mit welch „heißer Nadel" er sein Werk innerhalb weniger Wochen gestrickt hat: Seite 94 berichtet Borrelly, daß er im Jahre 1760 im Besitz eines *conseiller au parlement d'Aix* die wertvolle Korrespondenz von Leibniz mit dem bedeutenden provenzalischen Polyhistor Nicolas-Claude Fabri de Peiresc (1580-1637), der ebenfalls *conseiller au parlement d'Aix* war, gesehen, jedoch deren Bedeutung damals noch nicht erkannt habe. Das sei eben jener Peiresc, dessen Leben Pierre Gassendi (1592-1655) in „Viri illustris Nicolai Claudii Fabricii de Peiresc vita" (Paris 1641; Den Haag ^{2}1651, ^{3}1655; Quedlinburg ^{4}1706) beschrieben habe. Diese Korrespondenz berührt die Grenzen des biologischen Wunders, da Leibniz erst neun Jahre nach dem Ableben von Peiresc im Jahre 1646 geboren wurde. Aber Borrelly erinnert sich gut: „Je me souviens très-bien, que sa correspondance avec Leibnitz rouloit principalement sur les langues, et que les lettres respectives de ces deux grands hommes auroient pû former un recueil très-considérable" (95).

Ein etymologisches Wörterbuch des Deutschen erscheint Borrelly aus zwei Gründen notwendig. Zum einen sei das Deutsche unter den modernen Sprachen eine der ältesten (d.h. im Sinne Schottels oder Leibnizens eine ungemischte Sprache), was bedeute, daß man mit ihrer Hilfe zum frühesten Ursprung der verschiedenen in Europa gesprochenen Sprachen zurückgehen könne. Der latente Kerngedanke besteht in der Suche nach einer genealogischen Verbindung von Sprachen. Leibniz war der Auffassung, daß, wenn es erst einmal Wörterbücher und Grammatiken aller Sprachen geben würde, die Frage der Sprachenverwandtschaft gelöst werden würde. Borrelly hätte aber möglicherweise einen Vortrag des französischen Geistlichen Gaston-Laurent Cœurdoux (1691-1779) von 1767 (erst 1808 in den „Mémoires de l'Académie des inscriptions", Band 49, Seiten 647-667 veröffentlicht) kennen können, den dieser in der Académie des inscriptions et belles-lettres in Paris gehalten hat und in dem er durch lexikalischen und grammatischen Vergleich die Analogie zwischen dem Deutschen, Russischen, Griechischen, Lateinischen und dem Sanskrit behauptet[27]. Und im Jahre 1786 hatte der englische Orientalist William Jones (1746-1794) in Indien die Verwandtschaft des Sanskrit mit dem Griechischen, Keltischen, Gotischen und Altpersischen mit Hilfe ebenfalls lexikalischer und grammatischer Vergleiche schon nachgewiesen, ohne daß wir hier der seinerzeit bekannten Arbeiten des französischen Orientalisten Abraham-Hyacinthe Anquetil-Duperron (1731-1805) gedenken.

Für die Abfassung des fachsprachlichen Wörterbuchs hatte Leibniz den Einsatz guter Spezialisten verlangt. Borrelly ergänzt, daß sogar in einem einzigen Fachgebiet ein Team von Fachleuten an dem Spezialteil des Wörterbuchs arbeiten müsse, da ein einzelner darin schon überfordert würde. Die Definition der Wörter würde viel Bildung und Philosophie erfordern, um eine differenzierte, geschmackvolle Aufklärung herbeizuführen. Diderot habe sich noch über weite Strecken allein dieser Aufgabe gestellt; aber der sei einmalig gewesen. Borrelly sieht eine Gruppe von Fachleuten vor, die zunächst nach einem Plan den Fachwortschatz aufnehmen und dann, wie es Leibniz wollte, gemeinsam die Definitionen vornehmen.

Mit Leibniz sieht Borrelly die Bedeutung all dieser lexikographischen Aktivitäten auch darin, über spezielles Wissen hinaus die Allgemeinbildung zu erhöhen und den Geschmack weiter auszubilden. Auf allgemeinsprachlichem Gebiet oder im Bereich des sozialen oder kommerziellen Lebens besteht nach dem Muster der Crusca und der französischen Akademie die Rolle der Beschäftigung mit der Sprache darin, den Reichtum, die Reinheit und die Klarheit der deutschen Sprache zu fördern. Borrelly betont die Ambivalenz des Begriffs vom Reichtum der Sprache: ein sinnentleerter Wortschatz wäre zu verurteilen. Kluge Gedanken äußert der Verfasser über die Anforderungen, die an einen guten Übersetzer zu stellen sind: Gelehrsamkeit, Kenntnis der Ausgangs– und Zielsprache, sauberer Stil, Genretalent; Besitz von Geist, Geschmack und Genius des Autors.

Bezüglich der Reinheit der deutschen Sprache hatte Leibniz gefordert, daß die Wörter deutsche seien. Borrelly interpretiert das dahingehend, daß Leibniz gemeint hatte, daß alle Ausdrücke keineswegs der deutschen Sprache entstammen, vielmehr daß sie dem Geist der deutschen Sprache

---

27 Cœurdoux hatte auch einen „Dictionnaire télougou-français-samskroutam“ verfaßt.

angepaßt sein müßten. Fremdwörter, wenn sie denn aufgenommen werden sollen, müssen den Erbwörtern in ihrem Habitus angepaßt werden. Gleichermaßen verlangte Leibniz nach deutschen Sätzen, was unser Autor zu einem typologischen Diskurs über analytische (analoge) und synthetische (transpositive) Sprachen nutzte; im Rahmen der Auseinandersetzung um den *ordo naturalis* bezüglich der Wortstellung gewann dieses Thema innerhalb der Diskussion um Rationalismus und Sensualismus im 18. Jahrhundert an Gewicht. Die Reinheit des deutschen Satzes bedeutete für Borrelly die Beachtung der Möglichkeiten, die die „transpositiven" Sprachen mit ihren Fähigkeiten der Satzgliedanordnung nach der Wichtigkeit boten, wobei freilich die Gebote der Grammatik genau zu beachten wären.

Dazu würde ein ästhetisches Moment kommen, das obszöne und niedrige Wörter in der Verwendung verbietet. Hier kommt Borrelly auf das Wechselverhältnis von Moral und Sprache zu sprechen; es war ein Topos der Zeit, daß die Moral auf die Sprache Einfluß nimmt und umgekehrt. Das bedeute, wenn eine Nation an der Verbesserung ihrer Moral arbeitet, sie gleichzeitig auch um die Reinigung ihrer Sprache bemüht sein muß. Für Leibniz sollten die Wörter nicht nur dezent, sondern auch angenehm sein. Das Angenehme besteht nach Borrelly in einer Sprachästhetik: Die gewählte Sprache müsse vom Charakter des Bezeichneten oder Beschriebenen abhängen. Hierbei unterscheiden sich die Sprachen je nach den Völkern, von denen sie gesprochen werden, unter dem Gesichtspunkt der Klimatheorie. Die Völker des Nordens unter dem Einfluß eines rauhen Klimas und harter Arbeit verfügen über eine harte, rauhe und laute Sprache, die deren Bedürfnisse ausdrückt. Die südlichen Völker bringen dagegen mit der Sprache ihre Leidenschaften zum Ausdruck; die Sprache sei sanft und anrührend wie die Bewegungen ihrer Seelen. In diesen klimatheoretischen Überlegungen folgt Borrelly durchaus J.J. Rousseau, der 1761 von den Sprachen geschrieben hatte (zit. nach Bossong 1990: 283): „Celles du midi durent être vives, sonores, accentuées, éloquentes, et souvent obscures à force d'énergie; celles du nord durent être sourdes, rudes, articulées, criardes, monotones, claires à force de mots plutôt que par une bonne construction." Der Stellenwert des Klimas spielt in Borrellys Auffassung allerdings keine absolute Rolle, wenn er einräumt, daß es die Aufgabe von Philosophen wäre, das Fehlerhafte und Unangenehme einer Sprache, wie es aus dem Klimaeinfluß resultiere, zu korrigieren. Da gäbe es beim Deutschen einiges zu tun, wenn man die Rauheit und Härte, so typisch für die Sprachen des Nordens, ausräumen wollte. Die schöne

Harmonie der Sprache beruhe auf einem vielzähligen Einsatz von Vokalen, meint Borrelly mit dem ständigen Sekretär der Académie française, Jean-François Marmontel (1723-1799).

Ein weiterer Aspekt für die Qualität von Wörtern besteht nach Leibniz in der Klarheit. Die Klarheit, so kommentiert Borrelly, ergibt sich daraus, wenn ein Wort im Fall von Realien den Begriff im Denken eines anderen Menschen evoziert; d.h. die Bedeutung eines Wortes muß eindeutig und konventionell sein. Moralische oder abstrakte Begriffe sind klar, wenn sie unabhängig vom philosophischen System, in dem sie verwendet werden, ihre Bedeutung nicht ändern. In dieser letzteren Hinsicht habe die Sprache einen Nachholbedarf; die Lösung sieht Borrelly nur in Abhängigkeit von der Entwicklung einer „saine philosophie", was immer das auch sein mag, gemeint ist wohl der gesunde Menschenverstand.

Die Verwendung von deutschen Wörtern setzt deren Verständlichkeit voraus, die sich mit der Präzisierung ihrer Bedeutungen, einschließlich Konnotationen, entwickelt; das bedeutet auch, daß die Annahme von Fremdwörtern auf die Fälle zu beschränken wäre, die absolut notwendig seien; man sollte ebenfalls auf lateinische Zitate verzichten oder sie wenigstens gleich erklären, vor allem in der französisch-reformierten Kirche, vor den Gerichten und in politischen Schriften.

Nach einer Philippika gegen die italienische Sprache[28] greift Borrelly noch einmal das alte Thema der Universalität des Französischen auf, über das es in Berlin schon im Jahre 1784 zu Auseinandersetzungen gekommen war. Seit Richelieu und Ludwig 14. habe sich das Französische an allen Höfen Europas bzw. in allen Staaten als Verhandlungs-, Korrespondenz- und Vertragssprache ausgebreitet. Dazu trugen der hohe Stand der französischen Wissenschaften und Künste bei. Die Menschen bemühten sich, das Französische zu lernen und zu sprechen, französische Höflichkeit und Erziehung anzunehmen, mit den französischen Büchern französische Lebensart aufzunehmen. Dazu haben die französischen Réfugiés ihre Sprache in Europa verbreitet, als sie der Intoleranz und dem Fanatismus entflohen. Die Rolle des Französischen als Universalsprache, so Borrelly, habe sich bis heute erhalten. Dazu komme, was Leibniz schon bemerkt hatte, aufgrund der Klarheit infolge des „analogischen" Charakters die Prädestination als Sprache der Politik. Borrelly geht weiter, wenn er hinzufügt, daß das Französische wegen seiner exakten Methode dem

---

28 vgl. Fußnote 8.

Deutschen in der Politik vorzuziehen sei; ferner sei das Französische als Sprache der Philosophie und der Vernunft unübertroffen. Lediglich wenn es um spezifisch deutsche Belange wie um Fragen der deutschen Staatsverfassung oder des deutschen Rechts gehe, wäre das Deutsche vorzuziehen. Diese erneute Apologie der französischen Sprache im Sinne Rivarols dürfte den Mitgliedern der Deutschen Deputation sicher mißfallen und mißbilligende Rezensionen bewirkt haben.

Zur Frage der Sprachreinheit des Deutschen gehört auch die Sprachrichtigkeit im Sinne der Anwendung grammatischer Regeln. Doch die deutsche Grammatik selbst sei noch unvollständig; in ihr herrschen Pedanterie und schlechter Geschmack; es würden die guten Schriftsteller fehlen, die das Beispiel und Modell lieferten. Kaum hundert Jahre, nachdem Leibniz sein Werk geschrieben hatte, glaubte Borrelly, der, wie gesagt, kein Deutsch konnte, erkennen zu müssen, daß sich hinsichtlich der Grammatik noch immer nichts zum Besseren gewendet habe. Ob Borrelly ein spätes Opfer von Friedrichs Schrift über die deutsche Literatur geworden ist? Doch er ermuntert seine akademischen Kollegen, im Leibnizschen Sinne an der Verbesserung der deutschen Grammatik zu arbeiten: „[...] il est digne des membres de notre Académie, qui s'occupent dans ce moment de l'amélioration de leur langue, de rendre ce nouveau service à leur patrie et à l'Europe, qui l'attendent également de leur zèle et de leurs lumières" (156).

Borrelly war Franzose, und aus der Sicht eines Franzosen ohne Deutschkenntnisse und eigentlich auch ohne Beziehung zur deutschen Sprache beurteilte er den neuen Zug der akademischen Arbeit mit der deutschen Sprache und das Leibnizsche Wörterbuchprojekt. In der Zeit, als Borrelly in Berlin lehrte, erschien ein großangelegtes Wörterbuch in fünf Bänden, das Furore gemacht hatte. Sein Autor war der Dresdner Bibliothekar und Sprachforscher Johann Christoph Adelung (1732-1806); er veröffentlichte zwischen 1774 und 1785 in Leipzig den „Versuch eines vollständigen grammatisch-kritischen Wörterbuches der hochdeutschen Mundart, mit beständiger Vergleichung der übrigen Mundarten, besonders aber der oberdeutschen". In klassizistischer Manier versuchte Adelung zwischen der gehobenen, gepflegten, edlen Sprache, der Literatursprache und dem niederen, unedlen Stil, ohne dabei bis zur letzten Konsequenz streng zu verfahren. Immerhin war der Typ des Adelungschen Wörterbuchs eine Möglichkeit, sich der Realisierung der Leibnizschen Ideen zu nähern, die Borrelly aber nicht wahrnahm.

Die Rezensionen von Reinwald und Rüdiger

Die Reaktion der Zeitgenossen auf Borrellys Schrift gab sich denn auch eher ablehnend. Von der Berliner Akademie hörte man allerdings nichts; dort war der Autor zur *persona non grata* geworden. Eine Rezension brachte aber die heute für jeden Wissenschaftshistoriker so unendlich wertvolle „Neue allgemeine deutsche Bibliothek“ des bedeutenden Berliner Aufklärers Friedrich Nicolai (1733-1811) in ihrem sechsten Band (Kiel 1793), viertes Heft, Seiten 355-359. Der Autor der Besprechung war der Meininger Bibliothekar und Schwager Friedrich Schillers, Wilhelm Friedrich Hermann Reinwald (1737-1815), der in Nicolais „Bibliothek“ als fleißiger Rezensent in Erscheinung trat – ständige Geldnöte zwangen ihn dazu – und der sich in der deutschen Sprachforschung unter anderem einen Namen mit seinem „Hennebergischen Idiotikon“ (Berlin und Stettin 1793 und 1801) machte. Seine Französischkenntnisse dürften eher beschränkt gewesen sein; so hat er z.B. Borrellys Vorschlag der Schaffung von fünf Teams mit je drei Mitarbeitern nicht ganz richtig verstanden; auch meinte er, daß Pereisc Gassendis Biograph gewesen sei und nicht umgekehrt. Reinwald schrieb also über Borrellys „Considérations“:

> Das *intrudere se* zeigt sich hier abermal als ein charakteristischer Zug unsrer Nachbarn von jenseits dem Rheine her. Sehr gerne mischen sie sich in unsre Hausangelegenheiten. (Freylich ists auch nicht recht, wenn wir uns in die **ihrigen** mischen, woferne wir nicht ohne Sophisterey beweisen können, sie seyen wirklich die **unsrigen** geworden.) Der Verf. dieser Schrift will der Berliner Akademie Rath geben, wie sie in Verbesserung (*amélioration*) der deutschen Sprache zu Werke gehen soll, und zugleich Leibnitzens Vorschläge wegen dieser Verbesserung berichtigen (!!). Es fehlt ihm aber, wie man sieht, noch mehr an Kenntniß unsrer Sprache und Litteratur, als weiland Mirabeau'n, der wenigstens eine gewisse Sagacität hatte, deren Zustand, mit Hülfe einiger Nachrichten von Sachkundigen, so ziemlich zu errathen. – Manches Gute sagt zwar Hr. B. theils über Sprachen überhaupt, theils über die unsrige insbesondere, das aber ein Deutscher auch, und weit bestimmter, gesagt hätte. Des Unrichtigen dagegen ist, bey seiner totalen Nichtkenntniß unsrer Sprache, weit mehr.
>
> Wahr, und sehr wahr ist, S. 49. die Stelle, wo unsrer sogenannten feinen Welt das Ausspicken ihrer Gespräche mit französischen Wörtern vorgehalten wird. Wenn es aus Noth geschähe, weil man sich nicht gleich auf ein adäquates Wort besinnen könnte; dann wär es verzeihlich. Aber es ist Eitelkeit, und (wie der Verf. mit Recht sagt) die nämliche, wie unsrer gelehrten oder halbgelehrten Pedanten, die alle Augenblicke lateinisch und griechisch in ihre Muttersprache

mengen. Hier ist also die fremde Sprache nicht, um Lücken auszufüllen, wie es eigentlich seyn sollte; sondern sie soll leider der unsrigen zum Zierrath dienen. Rec. ist auch sehr geneigt, des Verf. Meynung beyzutreten, wenn er behauptet, ein einziger der Sache gewachsener Mann könne besser mit einem Wörterbuche fertig werden, (versteht sich, mit Gehülfen, die ihm in die Hand arbeiten) als viele; wiewohl er S. 70 wie wir hernach sehen werden, das Gegentheil zu behaupten scheint. *Un homme de genie*, heißt es S. 84. *se livre tout entier à sa propre impulsion: rien ne le contrarie: il se fixe un but, il y tend, quoique avec lenteur etc. Mais qu'il est difficile de concilier les diverses opinions d'une nombreuse assemblée! Chacun a ses idées particulières – l'amour-propre fait, que personne ne veut ceder: et au milieu de cette lutte – les bons esprits se lassent, prennent le parti du silence, et laissent le champ libre à ceux qui ont le plus d'intrigue ou d'opinâtreté.** Endlich mag er auch wohl Recht haben, wenn er die Höfe (vorausgesetzt erst, daß sie die Landessprache reden) für keine gute Sprach– und Rednerschulen erklärt. Qu'on me cite, heißt es S. 153, *une seule cour, d'où soit partie la lumiére qui a éclairé les peuples. Le bel-esprit y brille quelquefois; et le vrai génie au contraire s'y éteint presque toûjours, s'il n'y est étouffé avant que de naître. – Les petites passions, que tout y excite, font substituer, en toute occasion, le mensonge à la vérité, l'interêt général, le langage sophistique et astucieux de la politique à l'expression franche et libre de la nature. –*

Hingegen hat Hrn. B. die gänzliche Unkunde unserer Sprache und Litteratur, die ihn außer Stand setzt, bey deren Verbesserung, oder Verfertigung eines deutschen Wörterbuchs mit zu rathen, überall zu Fehlern verleitet. Hier sind Beyspiele:

S. 21 wird **Wolf**, der Philosoph *trop scholastique, trop vétilleux* genannt. Soll das erste Beywort sich auf die mathematische Lehrmethode beziehen? Und wenn es auch auf diese quadrirte, worauf könnte *vétilleux* gehen? – Von **Kant** heißt es ebend. *il a entrainé après lui ses nombreux admirateurs, non seulement dans les abstractions les plus ténébreuses, mais encore dans toutes les subtilités, dans toutes les distinctions* ***futiles*** *et minutieuses de l'ancienne école aristotélique et platonicienne.* (?) Und doch sagt er, daß er die Kantische Philosophie nur nach der Darstellung beurtheilen könne, die **Selle** und **Schwab** davon gegeben! – S. 41. dringt er allzu sehr auf die allgemeine Einführung der lateinischen Buchstaben,[29] nennt sie **undeutlich**, geschmacklos, vergleicht sie gar mit **Hieroglyphen** – bedenkt aber nicht, daß sie bey weitem nicht mehr die alte Mönchsschrift sind: wozu noch kömmt, daß sie, weil sie mehr Körper haben, schwachen Augen nicht so wehe thun, als die lateinischen. – S. 51. giebt er nicht undeutlich zu verstehen, es würde kein großer Verlust seyn, wenn eine

---

* Paßt auch auf andere aristokratische oder kollegialische Verhandlungen und Beschlüsse, als wegen der der deutschen Sprache.

29 Hier hat der Setzer der NADB etwas ausgelassen, da sich das Folgende auf die von Borrelly kritisierten gotischen Buchstaben bezieht.

Sprache, wie die **Deutsche**, untergienge!! (Dabey fiel uns eine Stelle in Voltaire's *Ingenu* ein, wo der Babylonische Thurmbau beklagt wird, ohne welchen die ganze Welt **Französisch** reden würde.) – Wenn er S. 61-63. nicht gerne sieht, daß viele ausländische, zumal französische, Wörter aus der deutschen Sprache verdrängt würden; so weiß er nicht wie sehr diese, zumal die letztern, wegen ihrer Fremdartigkeit im Klang und in der Aussprache gegen unsere Wörter abstechen; daher auch sein wiederholter und mit Horazens Zeugniß unterstützter Vorschlag, sie durch einheimische Endungen zu nationalisiren, gar oft nicht Statt findet: wogegen unsre Sprache zur Bildung neuer Wörter durch die Präfixa und Suffixa, die man den Wurzeln anhängen kann, geschickter ist. Doch geben wir in Ansehung vieler zusammengesetzten Wörter Hrn. B. nicht ganz Unrecht; zumal wenn ausländische mit in die Zusammensetzung kommen, die oft Ungelehrten über die Hälfte im Halse stecken bleiben.* – Leibnitzens S. 65 angeführter Satz, die Archive des Reichtags zu Bildung unsers Styls zu benutzen, möchte denn wohl der einzige unter allen seinen aufgestellten Sätzen seyn, den Hr. B. mit Grund angefochten hätte; doch verrieth er auch hier seine Unwissenheit, wenn er ohne alle Ausnahme den Gebrauch der lateinischen Sprache bey Reichsgerichten tadelt. Gehören nicht zu dem deutschen Staatskörper Provinzen, wo die deutsche Sprache nicht die Volkssprache ist? Hier vertritt die lateinische Sprache bey öffentlichen Ausfertigungen für die Reichsgerichte ihre Stelle. So werden auch nur noch auf denenjenigen Universitäten, die von Ausländern stark besucht werden, lateinische Vorlesungen gehalten. – S. 70-74. wo hauptsächlich die Rede von den Anstalten zu einem deutschen Wörterbuche ist, theilt der Verf. die Arbeiten in fünf Klassen, und bestimmt zu jeder drei Arbeiter. Die erste Klasse soll aus Substantiven von wirklichen individuellen Dingen, und die zweyte die Kollektiva enthalten. Die dritte die Adjektiva der Beschaffenheit von diesen beyderley Substantiven. Die vierte die Zeitwörter und Participia, und die fünfte die Pronomina, Präpositionen, Konjunktionen, Interjektionen und Adverbien. Er weiß aber nicht, wie oft eine von diesen Klassen bey uns Deutschen in die andre, z.B. die Adverbien und Partizipien zu den Adjektiven, die Zeitwörter in die Klasse der Substantive u.s.w. übergehen. Aber nun kömmt erst die rechte Arbeit: (binnen welcher die deutsche Sprache sich leicht wieder verändern könnte, wie unter der Hand jenes langsamen Balbiers ein neuer Bart wuchs.) Hr. B. fodert von den Männern, die sich diesen Wörtersammlungen unterziehen: „*qu'on lise avec une égale attention, la plume à la main, et dans les differens genres des sciences, de la litterature et des arts, les meilleurs ouvrages qu'a produits jusqu'ici l'Allemagne, et ceux même qui ont paru dans les siecles les plus reculés.*" (!!!) Denn man muß wissen, daß er auch alte Wörter, weil sie mit unter sehr brauchbar seyn können, dem Wörterbuche einverleibt haben will. Nun würde aber wohl der Sammler die ältesten deutschen Produkte: **Otfried, Kero, Tatian** u.a.

* So haben in der Gegend des Recensenten Dienstmägde schon oft aus einem Oberkommerzienrath einen Oberbarmherzigenrath gemacht.

lange mit mancher eitlen Mühe, durchstudiren müssen, bis er einige Worte fände, die noch in unsrer Schreibart anwendbar wären. Dagegen schließt Hr. B. nicht nur alle technische Wörter, sondern sogar alle Synonymen, und Metaphern von seinem vorgeschlagenen Wörterbuche aus, will über die Synonymen, und über die Tropen besondere Wörterbücher, und über jedes Kunstfach eine eigne technologische Wörtersammlung, die sich dann der Gelehrte oder Künstler aus diesem Fache anschaffen soll. Wir müssen aufrichtig gestehen, daß wir von diesem Vorschlage nichts halten. Wir wünschten vielmehr ein größeres allgemeines Wörterbuch für Bibliotheken, und einen kurzen Auszug daraus für den Privatmann, der jeden Augenblick in Zeitungen, Intelligenzblättern und Journalen ein Kunstwort findet, das nicht aus seinem Handwerks- oder Lieblingsfache ist, und das er doch wissen will oder darf: denn der Wissenschaftstempel muß auch Ungeweihten offen stehen, und kann der Thüren nicht zu viel haben. Ja der Verf. widerspricht selbst mittelbar einer solchen Trennung S. 102. wo er sagt: *Il en est du monde litteraire comme du monde physique et moral: tout s'y enchaine, rien n'y est entièrement isolé.* – Um wie viel weiser räth daher Leibnitz S. 73. die Verfertigung eines dreyfachen Wörterbuchs an: 1) von den gewöhnlichen Wörtern, 2) von den Kunstwörtern, und 3) den alten Wörtern, Provinzialismen und überhaupt allen Ausdrücken, die dem Etymologen zu seinem Zweck dienen. – Wären nun diese dreyerley Wörterbücher vollendet, so könnten sie in ein Katholikon für Bibliotheken zusammengeschmolzen werden, aus welchem hernach ein Vokabularium für den Privatmann auszuziehen wäre. In diesem wären natürlich die Wörter der 2ten und 3ten Art nur kurz zu fassen und auf das technologische und etymologische Wörterbuch zu verweisen. Aus jenem könnten dann wieder Auszüge für gewisse, aber doch nicht einzelne, sondern mehrere mit einander verwandte Kunstfächer, gemacht werden, die sich der Mann vom Handwerk anschaffen könnte, und in welchen die Umschreibungen deutlich genug wären. Die **erste** und **zweyte** Gattung der von Leibnitz vorgeschlagenen Wörterbücher vereinigt schon das **Adelungische**, in sofern es zur Zeit seiner Ausarbeitung geschehen konnte, und die **dritte** Gattung kann nicht eher bewerkstelligt werden, bis genug Idiotika, sonderlich von Oberdeutschland, erschienen sind.

Die Nachricht von Leibnitzens Briefwechsel mit **Peiresc** (Gaßendi's Biographen [!]) ein deutsches etymologisches Wörterbuch betreffend, und daß der Verf. im Jahre 1760 noch Fragmente dieses Briefwechsels in der Provence gesehen, ist interessant. Vielleicht brachte er die *collectanea etymologica* hervor. – Nicht minder interessant sind auch die hier und da zerstreuten Anekdoten von der Geschichte der französischen Sprache. Im Ganzen aber hätten die Leibnitzischen Sätze dieses Kommentars (wie der Vf. seine Schrift nennt) füglich entbehren können.

Lb.[30]

---

30 Lb. war das Kurzzeichen für Reinwald. Vgl. zu den Kurzzeichen der „Allgemeinen deutschen Bibliothek" den höchst verdienstvollen Beitrag zur deutschen Literaturge-

Im gleichen Jahr 1793 erschien noch eine weitere Rezension im fünften Stück des Periodikums „Neuester Zuwachs der teutschen, fremden und allgemeinen Sprachkunde in eigenen Aufsätzen, Bücheranzeigen und Nachrichten" (Halle 1793, Seiten 23-27), das der Hallenser Professor, der Wirtschaftswissenschaftler, Kameralist und Sprachforscher Johann Christian Christoph Rüdiger (1751-1822) von 1782 bis 1796 in sechs Stücken herausbrachte. Rüdiger verfaßte für die Sprachforschung noch den „Grundriss einer Geschichte der menschlichen Sprache zu ihrer Kenntnis nach allen bisher bekannten Mundarten und Schriftarten, mit Proben und Bücherkenntniss. 1 Th. von der Sprache" (Leipzig 1782). Vor 1791 hatte sich Rüdiger in einer Preisschrift schon mit dem Problem eines deutschen Wörterbuchs theoretisch auseinandergesetzt: „Ueber die Einrichtung und Ausarbeitung eines vollständigen teutschen Wörterbuchs". Hamberger/ Meusel „Das gelehrte Teutschland", Band 6, ^{5}1798, fragen erstaunt: „Sollte sie etwa noch nicht gedruckt seyn?", um im Bd. 10, ^{5}1803, zu antworten: „*Die Preisschrift* über die Einrichtung und Ausarbeitung eines Teutschen Wörterbuchs *ist wirklich noch nicht gedruckt.*" Denina (1791, III) erwähnt Rüdiger als Verfasser wirtschaftswissenschaftlicher Werke und fährt dann fort: „Il y en a un [ouvrage] qui semble fait pour les grammairiens & pour tous ceux qui parlent, qui écrivent & même qui impriment en allemand. Il a donné le plan d'un dictionnaire complet de la langue allemande." Und dann spöttelt Denina: „N'est-il pas encore content de celui de Mr Adelung?" – Rüdiger rezensierte also Borrellys „Considérations" als eine besondere Schrift über die Bemühungen der Akademie um die deutsche Sprache:

> Eine wirklich sonderbare Erscheinung! Herr **Borelly** gestehet in dem Eingang freymüthig, daß er von dem **Leibnitz**ischen Entwurf nicht einmahl die Urschrift zu lesen im Stande war, sondern sich bloß mit der französischen Uebersetzung behelfen mußte. Dennoch aber unternimmt er darüber eine beurtheilende Erläuterung, um manches genauer zu bestimmen, und das irrige zu berichtigen. Der Eifer, mit für die Sache thätig zu werden, macht es aber nicht allein aus. Die Unbekanntschaft mit der teutschen Sprache ist vielmehr ein natürliches Hinderniß, das nicht so leicht überstiegen werden konnte. Herr **Borelly** mußte das selbst einsehen, und richtete seine Absicht nach der Vorrede hauptsächlich nur auf die ersten Grundbegriffe der allgemeinen Sprachkunde in Absicht der er-

---

schichte von Gustav Parthey (1798-1872), des Enkels von Friedrich Nicolai, „Die Mitarbeiter an Friedrich Nicolai's Allgemeiner Deutscher Bibliothek nach ihren Namen und Zeichen in zwei Registern geordnet" (Berlin 1842).

sten Bildung, des weitern Fortschritts und der Vollkommenheit einer Sprache überhaupt. Was hierüber in dem **Leibnitz**ischen Entwurf enthalten ist, das hat er in kurzen Sätzen ausgehoben, und sie denn theils weiter ausgeführt, theils auch hin und wieder näher zu bestimmen und zu wiederlegen gesuchet. Besonders hat ihn dabey die Liebe für seine Sprache zu beständigen Vergleichungen mit derselben veranlasset. Die gelegentlich vorkommenden Abschweifungen über die teutsche Erziehung in den Sprachen und Wissenschaften, die Armuth der französischen Sprache nach dem Wörterbuch der Akademie, und ihre Bereicherung durch **Rousseau** und die jetzige neue Staatsverfassung, den Gebrauch des Lateins in Reichsgeschäften, welchen er über die Wahrheit vergrößert, u.d.gl. helfen gar wenig zur Sache, und nehmen doch fast die Hälfte der ganzen Abhandlung ein.

Seine besondern Vorschläge zu Vertheilung der Arbeit an dem Wörterbuche kommen ziemlich seltsam heraus. Er nimmt funfzehn thätige Mitglieder an, von welchen immer drey zusammen in fünf Classen vereinigt werden sollen. Unter diese theilt er das Geschäft so, daß die erste die eigenen Namen, die zweyte die Hauptwörter, die dritte die Beywörter, die vierte die Zeitwörter und die fünfte alle übrige kleine Redetheile zu bearbeiten haben soll. Ferner aber verlangt er von ihnen zur Sammlung der Wörter eine genaue Durchsicht aller schon vorhandenen Wörterbücher und aufmerksame Lesung der guten Schriften aus allen Fächern der Künste, Wissenschaften und Gelehrsamkeit von den ältesten Zeiten bis hieher, und diese will er wieder danach vertheilen, wie sie erhaben und zierlich, oder einfach und scherzhaft geschrieben, Werke der Dichtkunst, Beredsamkeit und Geschichte sind, oder die Weltweisheit, strengen Wissenschaften und das Statsrecht betreffen. Dann sollen alle ohne Unterschied nach der Ordnung der Buchstaben zusammen gebrachte Wörter auf das genaueste untersucht werden, sowohl nach ihrer Bedeutung und Werth, dem Unterschied in der Erhabenheit oder Niedrigkeit, dem rednerischen oder dichterischen Gebrauch, als ob sie einheimisch oder fremd, alt oder neu, gut oder schlecht, einfach oder zusammengesetzt, abgeleitet, verkleinernd u.s.w. endlich auch, ob sie überall oder nur in einigen Gegenden üblich sind. Danach sollen die allgemein gebräuchlichen von den besondern Ausdrücken der Künste und Wissenschaften abgesondert, ihr Gebrauch nach den Umständen im eigentlichen oder bildlichen Sinn, und der feinere Unterschied der scheinbar gleichbedeutenden bestimmt werden.

Dieses leitet nun auf die in dem **Leibnitz**ischen Entwurf vorschlagene Theilung des ganzen Wörtervorrathes in drey verschiedene Werke, die Herr **Borelly** auch für natürlich, zweckmäßig und nothwendig hält, ja auf einer Seite noch weiter treibt, indem er die Kunstwörter eines jeden Faches besonders gesammelt wissen will; auf der andern aber dahin bestimmet, daß aus dem Sprachquell über das Veraltete und die Mundarten das Brauchbare mit in das gemeine Wörterbuch aufgenommen werden soll. Aber seine angeführten Gründe sind überhaupt wenig überzeugend, und besonders läßt sich von der

Entbehrlichkeit der Kunstwörter für den allgemeinen Gebrauch keine bestimmte Gränze angeben; ich breche daher hievon wieder ab, weil es vor der bestimmten Erklärung der Akademie darüber noch keiner eigenen Untersuchung bedarf. Sollte sie wieder Verhoffen auch für die Absonderung der drey verschiedenen Werke stimmen, so belohnte sich eher die Mühe, die Gründe dafür umständlich zu prüfen. Wenn sie aber der einfachern Zusammenfassung des ganzen Reichthums der Sprache in ein vollständiges Wörterbuch den Vorzug ihres Beyfalls giebt, so wird mich das ermuntern, meine schon vor vielen Jahren belohnte Preisschrift über die Einrichtung und Ausarbeitung derselben nochmahls durchzugehen, und endlich einmahl in einer bessern Gestalt herauszugeben, welches ich mir schon jetzt vorgenommen hatte, und sogleich auch gethan haben würde, wenn mich nicht jener Zweifel abgehalten, und mir erst die Entscheidung der Akademie zu erwarten gerathen hätte.

Der übrige ganze Inhalt der Betrachtungen von Herren **Borelly** ist wenig zur Sache dienlich. Er kommt nämlich in der Folge auf Erzählungen von dem Wörterbuch der französischen Akademie, auf Leibnitzens Briefwechsel mit auswärtigen Gelehrten u.a. fremde Sachen. Seine Bemerkungen werden kürzer und allgemeiner, und ob er gleich über den Reichthum der Sprache, die Uebersetzung der Alten, die Reinigkeit des Ausdrucks, die Härte der teutschen Sprache, die späte vollkommenere Ausbildung der französischen Sprachkunst, und den Mangel einer großen Hauptstadt in Teutschland manches gute sagt; so ist es doch von keiner Wichtigkeit in Rücksicht auf die Bemühungen der Akademie.

Literatur

Albrecht 1975: Jörn Albrecht (Hrsg.), „Pierre-Nicolas Bonamy. Vier Abhandlungen zum Vulgärlatein und zur Frühgeschichte des Französischen“, Tübingen 1975 (*Lingua & Traditio*, Band 1).

Blanc 1829: Ludwig Gottfried Blanc (1781-1866), Artikel *Crusca*. In: „Allgemeine Encyklopädie der Wissenschaften und Künste in alphabetischer Folge von genannten Schriftstellern bearbeitet und herausgegeben von J.S. Ersch und J.G. Gruber“, Teil 20, Leipzig 1829, Seiten 234-236.

Bossong 1990: Georg Bossong, „Sprachwissenschaft und Sprachphilosophie in der Romania“, Tübingen 1990.

Christmann 1978: Hans Helmut Christmann, „Antoine de Rivarol und Johann Christoph Schwab *pari passu*. Zwei Stellungnahmen zur Universalität der französischen Sprache“. In: „Studia neolatina“, Festschrift für Peter M. Schon, herausgegeben von Johannes Thomas, Aachen 1978, Seiten 24-37.

Denina 1790: Carlo Denina, „La Prusse littéraire sous Frederic II”, 3 Bände, Berlin 1790 und 1791.

Grau 1988: Conrad Grau, „J.R. Forster (1729-1798) und G. Forster (1754-1794). Ihre Wahl zu Mitgliedern der Preußischen Akademie der Wissenschaften". In: Helmut Bleiber (Hrsg.), „Demokratie, Antifaschismus und Sozialismus in der deutschen Geschichte", Berlin 1988, Seiten 49-59.

Grau 1990: Conrad Grau, „Die revolutionären Ereignisse in Paris 1789 bis 1794 und die Akademie in Berlin". In: „Sitzungsberichte der Akademie der Wissenschaften der DDR", 3G/1990, Seiten 86-96.

Harnack 1900 I,2: Adolf Harnack, „Geschichte der königlich-preussischen Akademie der Wissenschaften zu Berlin", Band 1, 2. Hälfte, Berlin 1900: „Vom Tode Friedrich's des Grossen bis zur Gegenwart".

Harnack 1900, II: Adolf Harnack, „Geschichte der königlich-preussischen Akademie der Wissenschaften zu Berlin", Band 2, Berlin 1900: „Urkunden und Actenstücke zur Geschichte der königlich-preussischen Akademie der Wissenschaften".

Hartweg 1981: Frédéric Hartweg, „Zur Sprachsituation der Hugenotten in Berlin im 18. Jahrhundert". In: „Beiträge zur Romanischen Philologie", 20. Jahrgang 1981, Heft 1, Seiten 117-127.

Heine 1898: Otto Heine (1832-1906), Artikel *Ritterakademien.* In: Wilhelm Rein (1847-1929), „Encyklopädisches Handbuch der Pädagogik", Band 5, Langensalza 1898, Seiten 902-916.

Laveaux 1784: Jean-Charles Thibault de Laveaux, „Cours théorique et pratique de langue et de littérature françoise", 2 Bände, Berlin 1784/1785.

Michaud 1966: J.Fr. Michaud, „Biographie universelle ancienne et moderne", Band 5, Graz 1966.

„Nouvelle Biographie générale", Band 5-6, Kopenhagen 1964.

Quérard 1827: Joseph-Marie Quérard (1797-1865), „La France littéraire", Band 1, Paris 1827.

Thiébault ^{3}1813: Dieudonné Thiébault, „Mes souvenirs de vingt ans de séjour à Berlin; ou Frédéric le Grand, sa famille, sa cour, son gouvernement, son académie, ses écoles, et ses amis littérateurs et philosophes", 3. Auflage, Band 3, Paris 1813.

Für die zur Verfügung gestellten Archivalien danke ich dem Archiv der Berliner Akademie, insbesondere seinem Direktor, Herrn Dr. Knobloch, dem Geheimen Staatsarchiv Preußischer Kulturbesitz in Merseburg, der Deutschen Staatsbibliothek Preußischer Kulturbesitz in Berlin, dem Archiv der Académie des Sciences, Belles-Lettres et Arts de Lyon und den Archives de la Ville de Marseille.

HISTOIRE
SOMMAIRE
ET PHILOSOPHIQUE
DE LA LANGUE
FRANÇOISE:

D'APRÈS le Mémoire de M. le Comte de RIVAROL, couronné par l'Académie Royale des Sciences & Belles-Lettres de Prusse, dans son Assemblée publique du 3 Juin 1784.

A HAMBOURG,
Chez J. G. VIRCHAUX, Libraire-Imprimeur.

M. DCC. LXXXIV.

PRÉFACE

L'ACADÉMIE royale des Sciences & Belles-Lettres de Prusse avoit proposé, pour le concours de cette année, de déterminer les *Causes de l'universalité de la Langue Françoise.* Elle a reçu sur cette question un grand nombre de Mémoires, dont deux lui ont paru dignes de partager le prix. L'un, qui est écrit en allemand, a pour auteur M. Schouab, Professeur de Philosophie à Stutgard: l'autre, qui est écrit en françois, est de M. le Comte de Rivarol. On a rarement le bonheur de couronner des écrivains d'un mérite aussi distingué.

Dans notre assemblée publique du 3 Juin dernier, MM. Mérian & Thiebault ont lu un extrait fort intéressant; le premier, du Mémoire allemand, & le second, du Mémoire françois. Mais il s'enfaut bien que ces deux lectures aient fait la même sensation sur l'esprit du Public. On a applaudi beaucoup au Mémoire allemand: on n'a pas rendu la même justice au Mémoire françois. On a admiré la sagesse, l'érudition, la logique, l'esprit de méthode de M. Schouab; & l'on a eu raison: on n'a pas trouvé les mêmes qualités dans M. le Comte de Rivarol; & l'on a eu tort.

A quelles causes faut-il attribuer cette contrariété dans les jugemens du Public? Voici les principales:

M. Schouab est allemand: il montre son courage & son impartialité, en préférant notre Langue à la sienne: il ne révolte personne en censurant les écrivains de sa nation; & ses conseils, ses critiques, ne l'annoncent que comme un bon citoyen, qui s'intéresse vivement à leur gloire commune: il peut, sans leur déplaire, leur prouver qu'ils devroient bannir de leurs imprimeries les caractères gothiques dont ils s'obstinent à faire usage; s'attacher davantage aux excellens modèles que leur offrent les Grecs, les Latins, les François, dans tous les genres de la littérature & des beaux-arts; s'asservir beaucoup plus qu'ils ne font à l'observation des règles, sur-tout dans le genre dramatique, où ils affectent de n'imiter que les Anglois; sacrifier un peu plus aux graces dans leurs ouvrages, à l'exemple de nos écrivains; se renfermer plus exactement dans les loix austères des bienséances; & proscrire avec plus de soin de leurs discours les déclamations, les longueurs, l'enflure, les pointes, les jeux de mots.

M. de Rivarol est françois: c'est en faveur de sa Langue & de sa nation qu'il écrit; & pour traiter la question de l'Académie dans toute son étendue, & de manière à mériter le prix, il faut qu'il démontre, par le raisonnement & par les faits, que l'une & l'autre ont des avantages incontestables sur les Langues & les nations rivales. Toutes ces circonstances lui sont contraires.

L'Allemand, qui connoît parfaitement la littérature nationale & sa propre Langue, mais qui n'a pas fait la même étude des nôtres, l'accuse d'ignorance ou de partialité: il prend ses opinions pour des paradoxes, & ses assertions pour des injures, si elles blessent son amour-propre, si elles ne s'accordent pas avec ses idées: il se révolte contre lui, s'il rapporte, à l'appui de ses raisonnemens, des faits & des autorités qui l'humilient.

L'Italien, qui regarde toujours sa patrie comme la mère des beaux-arts, & qui prétend encore à la prééminence presque dans tous les genres, ne lui pardonne pas d'avancer que le bon goût s'est altéré parmi ses artistes & ses écrivains; que sa Langue, d'ailleurs si douce, si agréable, si propre à l'expression des sentimens & à l'harmonie musicale, a cependant de la mignardise; que les orateurs de sa nation ont substitué l'enflure & les *concetti* à la noblesse des sentimens, à la grandeur des pensées, à la richesse & à l'énergie de l'élocution; que ses poètes se laissent emporter trop loin par leur imagination, croient remplacer le vrai, le naturel, par le bizarre & le gigantesque, & ne se distinguent plus que dans de petits genres, que dédaignent aujourd'hui leurs rivaux, & auxquels ils n'attachent que fort peu de prix.

L'Anglois, à son tour, qui s'arroge le titre de *Peuple-Roi*, & qui, après avoir dominé si longtems dans les deux mondes, veut encore être respecté comme la première nation de la terre, s'indigne contre lui s'il combat les monstres de son Shakespear; s'il lui refuse le bon goût, en lui accordant le génie; s'il ose mettre fort au-cessus de lui Corneille & Racine: il souffre impatiemment qu'il lui dise que sa Langue est sifflante, & souvent obscure; que ses écrivains ont plus de profondeur que d'agrément; que ses orateurs mêlent tous les tons & tous les styles; que ses poètes sont inégaux, négligent toutes les convenances, & cherchent bien plus à étonner qu'à plaire, en peignant la belle nature; que sa musique est nulle, que, si ses chefs-d'œuvres en peinture, en gravure, en architecture, ont de la force & de la grandeur, ils n'ont pas, à beaucoup près, les graces, l'élégance, le naturel de nos belles productions dans les mêmes genres.

M. de Rivarol n'obtiendra les suffrages du Public, comme il a déjà obtenu ceux de l'Académie, que lorsque son Mémoire sera lu & médité dans le silence des préjugés nationaux.

Le plan qu'il s'est tracé est juste & bien ordonné; & il ne s'en écarte jamais. Son style est brillant; il a de la chaleur, de la rapidité & de la noblesse. Ses pensées sont aussi profondes que philosophiques; & tous ses tableaux, où l'on admire souvent l'énergique pinceau de Tacite, intéressent par le coloris, par la variété, &, j'ose le dire encore, par la nouveauté.

Cet écrivain a, dans un degré supérieur, l'art d'attacher, d'entraîner ses lecteurs par ses raisonnemens & son éloquence. On lui trouve toujours un goût épuré & formé par l'étude des grands modèles. Ses principes ne sont point arbitraires: ils sont puisés dans le bon sens & dans la nature; & l'on voit bien qu'il s'est nourri de la lecture des maîtres fameux de l'antiquité. En un mot, il est peu d'ouvrages académiques qu'on puisse comparer au sien, soit pour le fonds des choses, soit pour le style; & je ne doute pas que le jugement qu'en a porté l'Académie ne soit enfin confirmé par celui du Public impartial.

J'ai extrait de son Mémoire tout ce qui intéresse plus essentiellement notre Langue: c'est un morceau très précieux à notre littérature. J'ai cru devoir le publier fous le titre d'*Histoire sommaire & philosophique de la Langue Françoise;* & j'espère qu'on me saura gré de ce travail. J'ai fait ensorte que toutes les parties en fussent liées; & je me suis permis, en conséquence, quelques transpositions, & même quelquefois de légères altérations dans le texte. Mais je prie les lecteurs, & M. le Comte de Rivarol en particulier, de me les pardonner, puisque je ne me suis proposé que de concourir plus sûrement par là aux plaisirs des uns & à la gloire de l'autre.

BORRELLY,
de l'Académie Royale des
Sciences & Belles-Lettres.

Berlin, 20 Septembre 1784

HISTOIRE SOMMAIRE ET PHILOSOPHIQUE DE LA LANGUE FRANÇOISE

Le tems semble être venu de dire *le monde françois*, comme autrefois *le monde romain*; & la philosophie, lasse de voir les hommes toujours divisés par des maîtres qui ont tant d'intérêt à les isoler, se réjouit maintenant de les voir, d'un bout de la terre à l'autre, se former en république, sous la domination d'une même Langue: spectacle digne d'elle, que cet uniforme & paisible empire des Lettres, qui s'étend sur la variété des peuples, & qui, plus durable & plus fort que celui des armes, s'accroît également des fruits de la paix & des ravages de la guerre.

La constitution politique de la France, sa position, la nature de son climat, le génie de ses écrivains, le caractère de ses habitans, & l'opinion qu'elle a su donner d'elle au reste du monde, toutes ces causes semblent avoir combiné leurs influences, & s'être réunies pour faire à notre Langue une fortune si prodigieuse; & il y a bien de l'apparence qu'elle la conservera par son propre génie.

Quand les Romains conquirent les Gaules, leur séjour & leurs loix y donnèrent d'abord la prééminence à la Langue latine; & quand les Francs leur succédèrent, la religion chrétienne, qui jetoit ses fondemens dans ceux de la monarchie, confirma cette prééminence. On parla latin à la cour, dans les cloîtres, dans les tribunaux, dans les écoles, & sans doute aussi dans la bonne société.[1]

Mais les jargons que parloit le peuple corrompirent peu-à-peu cette latinité, & en furent corrompus à leur tour. De ce mêlange naquirent cette multitude de patois qui vivent encore dans nos provinces. L'un d'entr'eux devoit être un jour la Langue françoise.

Il seroit difficile d'assigner le moment où ces différens dialectes se dégagèrent du Celte, du Latin & de l'Allemand. On voit seulement qu'ils ont dû se disputer la souveraineté dans un royaume que le systême féodal avoit divisé en tant de petits États.

Cependant (pour hâter notre marche) qu'il nous suffise de dire que la France, naturellement partagée par la Loire, eut deux patois, le Picard & le Provençal, auxquels on peut rapporter tous les autres. Des princes s'exercèrent dans l'un & l'autre; & c'est aussi dans l'un & l'autre que furent d'abord écrits les romans de chevalerie & les petits poèmes du tems. Du côté du Midi florissoient les Troubadours; & du côté du Nord, les Trouveurs ou Trouvaires.

Si le Provençal, qui n'a que des sons pleins, eût prévalu, il auroit donné au François l'éclat de l'Espagnol & de l'Italien. Mais le Midi de la France, toujours sans capitale & sans roi, ne put soutenir la concurrence du Nord; & l'influence du patois picard s'accrut avec celle de la couronne.

C'est donc le génie clair & méthodique de ce jargon, & sa prononciation un peu sourde, qui dominent aujurd'hui dans la Langue françoise.

Mais quoique cette nouvelle Langue eût été adoptée par la cour & par la nation, & que, dès l'an 1260, un auteur italien lui eût trouvé assez de charmes pour la préférer à la sienne[2], cependant l'Église, l'Université & les Parlemens la repoussèrent encore; & ce n'est que dans le seizième siècle qu'on lui accorda solemnellement les honneurs dus à une Langue légitimée[3].

S'il est vrai qu'il n'y eut jamais ni langage, ni peuple sans mêlange, il n'est pas moins évident qu'après une conquête il faut du tems pour consolider le nouvel État, & pour bien fondre ensemble les idiômes & les familles des vainqueurs & des vaincus. Mais on est étonné, quand on voit qu'il a fallu plus de mille ans à la Langue françoise pour arriver à sa maturité. On ne l'est pas moins, quand on songe à la prodigieuse quantité d'écrivains qui ont fourmillé dans cette Langue depuis le cinquième siècle jusqu'à la fin du seizième, sans compter ceux qui écrivoient en Latin. Quelques monumens, qui s'élèvent encore dans cette mer d'oubli, nous offrent autant de François différens[4]. Les changemens & les révolutions de la Langue étoient si brusques, que le siècle où l'on vivoit dispensoit toujours de lire les ouvrages du siècle précédent. Les auteurs se traduisoient mutuellement de demi-siècle en demi-siècle, de patois en patois, de vers en prose; & dans cette longue galerie il ne s'en trouve pas un qui n'ait cru fermement que sa Langue étoit arrivée, pour lui, à sa dernière perfection. Pasquier affirmoit, de son tems, qu'il ne s'y connoissoit pas, ou que Ronsard avoit fixé la Langue françoise.

A travers ses variations on voit cependant combien le caractère de la nation influoit sur elle. La construction des phrases fut toujours directe &

claire. La Langue françoise n'eut donc que deux sortes de barbaries à combattre: celle des mots & celle du mauvais goût de chaque siècle.

Les conquérans françois, en adoptant les expressions celtes & latines, les avoient marquées chacune à leur coin. Tout fut arbitraire; on eut une langue pauvre & décousue; & le désordre régna dans la disette.

Mais quand la monarchie acquit plus de force & d'unité, il fallut refondre ces monnoies éparses, & les réunir sous une empreinte générale, conforme à leur origine & au caractère de la nation: ce qui leur donna une physionomie double. On se fit une Langue écrite & une Langue parlée; & ce divorce de l'orthographe & de la prononciation dure encore. Mais comme la prononciation s'est toujours adoucie, & que l'orthographe est restée inflexible, il en résulte que nous avons une Langue rude à l'œil, & agréable à l'oreille.

Enfin le bon goût ne se développa tout entier que dans la perfection même de la société. La maturité du langage & celle de la nation arrivèrent ensemble.

En effet, quand l'autorité publique est affermie, que les fortunes sont assurées, les privilèges confirmés, les droits éclaircis, les rangs assignés; quand la nation, heureuse & respectée, jouit de la gloire au-dehors, de la paix & du commerce au-dedans; lorsque, dans la capitale, un peuple immense se mêle toujours sans jamais se confondre: alors on commence à distinguer autant de nuances dans le langage que dans la société; la délicatesse des procédés amène celle des propos; les métaphores sont plus justes, les comparaisons plus nobles, les plaisanteries plus fines: la parole étant le vêtement de la pensée, on veut des formes plus élégantes.

C'est ce qui arriva aux premières années du règne de Louis XIV. Le poids de l'autorité royale fit rentrer chacun à sa place: on connut mieux ses droits & ses plaisirs: l'oreille plus exercée exigea une prononciation plus douce: une foule d'objets nouveaux demandèrent des expressions nouvelles: la Langue françoise fournit à tout; & l'ordre s'établit dans l'abondance.

Il faut donc qu'une Langue s'agite, jusqu'à ce qu'elle se repose dans son propre génie; & ce principe explique un fait assez extraordinaire: c'est qu'aux treizième & quatorzième siècles, la Langue françoise étoit plus près d'une certaine perfection qu'elle ne le fut au seizième[5]. Ses élémens s'étoient déjà incorporés; ses mots étoient assez fixes, & la construction de ses phrases, directe & régulière.

Il ne manquoit plus à cette Langue que d'être parlée dans un siècle de lumières; & ce tems approchoit: mais la renaissance des Lettres la fit tout-à-coup rebrousser vers la barbarie.

Une foule de poètes s'élevèrent dans son sein, tels que les Ronsard, les Jodelle & les Baïf. Épris d'Homère & de Pindare, & n'ayant pas digéré ces grands modèles, ils s'imaginèrent que la nation s'étoit trompée jusques-là, & que la Langue françoise auroit bientôt les beautés du Grec, si l'on y transportoit les mots composés, les diminutifs, les péjoratifs, & fut-tout la hardiesse des inversions, trois choses précisément opposées à son génie. Le ciel fut *porte-flambeaux*, Jupiter *lance-tonnerre*; on eut des *agnelets doucelets*, on fit des vers sans rimes, des hexamètres & des pentamètres; les métaphores basses & gigantesques se cachèrent sous un style entortillé; enfin ces poètes lâchèrent le Grec tout pur, & de tout un siècle on ne s'entendit point en vers. C'est sur leurs sublimes échasses que le burlesque se trouva naturellement monté, quand le bon goût vint à paroître.

A cette même époque, les deux reines Médicis donnoient une grande vogue à l'Italien; & les courtisans tâchoient de l'introduire de toutes parts dans la Langue françoise. Cette irruption du Grec & de l'Italien la troubla d'abord: mais, comme une liqueur déjà saturée, elle ne put recevoir ces nouveaux élémens; ils ne tenoient pas; on les vit tomber d'eux-mêmes.

Les malheurs de la France sous les derniers Valois, retardèrent la perfection du langage: mais la fin du règne d'Henri IV & celui de Louis XIII ayant donné à la nation l'avant-goût de son triomphe, la poésie françoise se montra d'abord sous les auspices de son propre génie. La prose, plus sage, ne s'en étoit pas écartée comme elle, témoins Charon, Montagne & Amiot: aussi, pour la première fois peut-être, elle ramena la poésie qui la devance toujours.

Il manque un trait à cette foible esquisse de la Langue romance ou gauloise.

On est persuadé que nos pères étoient presque tous naïfs; que c'étoit un bienfait de leur tems, & qu'il est attaché à leur langage: si bien que certains auteurs l'empruntent aujourd'hui, afin d'être naïfs aussi. Ce sont des vieillards, qui, ne pouvant parler en hommes, bégaient, pour paroître enfans. Mais comme il y a deux enfances dans la vie, ils ne peuvent toucher qu'à la seconde; & le naïf qu'ils dégradent tombe dans le niais.

Voici comment s'explique cette naïveté gauloise:

Tous les peuples ont le naturel. Il ne peut y avoir qu'un siècle très-avancé qui connoisse & sente le naïf. Celui que nous trouvons & que nous sentons dans le style de nos ancêtres, l'est devenu pour nous; il n'étoit pour eux que le naturel. C'est ainsi qu'on trouve tout naïf dans l'enfant qui ne s'en doute pas. Chez les peuples perfectionnés & corrompus, la pensée a toujours un voile; & la modération, exilée des mœurs, se réfugie dans le langage, ce qui le rend plus fin & plus piquant. Lorsque, par une heureuse absence de finesse & de précaution, la phrase montre la pensée toute nue, le naïf paroît. De même chez les peuples vêtus une nudité produit la pudeur: mais les nations qui vont nues sont chastes sans être pudiques, comme les Gaulois étoient naturels sans être naïfs.

On peut encore ajouter que ce qui nous fait sourire dans une expression antique n'eut rien de plaisant dans son origine; & que telle épigramme, chargée du sel d'un vieux mot, eût été fort innocente il y a deux cents ans.

Il me semble donc qu'il est très inutile d'emprunter les livrées de la naïveté quand on ne l'a pas elle-même. Nos grands écrivains l'ont trouvée, sans quitter leur langue; & celui qui, pour être naïf, emprunte une phrase d'Amiot, demanderoit, pour être brave, l'armure de Bayard.

Mais une chose bien remarquable, c'est qu'à quelque époque de notre Langue qu'on s'arrête, depuis sa plus obscure origine jusqu'à Louis XIII, & dans quelque imperfection qu'elle se trouve de siècle en siècle, elle a toujours charmé l'Europe.

Elle ne parvint cependant à cette universalité dont elle y est en possession, qu'après la paix de Vervins. Alors la France montra toute sa force, & les Lettres commencèrent sa gloire.

Si Ronsard avoit bâti des chaumières avec des tronçons de colonnes grecques, Malherbe éleva le premier des monumens nationaux. Richelieu, qui affectoit toutes les grandeurs, humilioit d'une main la Maison d'Autriche, & de l'autre élevoit à lui le jeune Corneille, en l'honorant de sa jalousie. Il fondoit avec lui ce théâtre qui donne de si grandes leçons aux rois, & aux peuples des plaisirs si purs. Pressentant les accroissemens & l'empire de la Langue, il lui créa un tribunal afin de devenir par elle le législateur des nations.

A cette époque, une foule de génies vigoureux entrèrent à-la-fois dans la Langue françoise, & lui firent parcourir rapidement tous ses périodes, de Voiture jusqu'à Pascal, & de Racan jusqu'à Boileau. Louis XIV régna. Les beaux jours de la France étoient arrivés.

Il y eut un concours de circonstances admirable. Les grandes découvertes qui s'étoient faites depuis cent-cinquante ans, avoient donné à l'esprit humain une impulsion que rien ne pouvoit plus arrêter; & cette impulsion tendoit vers la France. Paris fixa les idées flottantes de l'Europe, & devint le foyer des étincelles répandues chez tous les peuples. L'imagination de Descartes régna dans la philosophie; la raison de Boileau dans les vers.

Bayle plaça le doute aux pieds de la vérité; Bossuet la mit elle-même aux pieds des rois; & nous comptâmes autant de genres d'éloquence que de grands hommes. Rome toute entière parut sur la scène françoise; & les passions parlèrent leur langage. Le grand Condé pleuroit aux vers du grand Corneille; & Racine corrigeoit Louis XIV. Nous eûmes, & ce Molière plus comique que les Grecs, & ce Télémaque plus antique que les ouvrages des anciens, & ce La Fontaine, qui, ne donnant pas à la Langue des formes si pures, lui prêtoit des beautés plus incommunicables. Nos livres, rapidement traduits en Europe, & même en Asie, devinrent les livres de tous les pays, de tous les goûts & de tous les âges. La Grèce, vaincue sur le théâtre, le fut encore dans des pièces fugitives, qui volèrent de bouche en bouche, & donnèrent des aîles à la Langue françoise. Les premiers journaux qu'on vit circuler en Europe étoient françois, & ne racontoient que nos victoires & nos chefs-d'œuvres. C'est de nos Académies qu'on s'entretenoit, & la Langue s'étendit par leurs correspondances. On ne parloit enfin que de l'esprit & des graces françoises: tout se faisoit au nom de la France; & notre réputation s'accroissoit de notre réputation.

Aux productions de l'esprit se joignoient encore celles de l'industrie. Des pompons & des modes accompagnoient nos meilleurs livres chez l'étranger, parcequ'on vouloit être partout raisonnable & frivole comme en France. Il arriva donc que nos voisins, recevant sans cesse des meubles, des étoffes & des modes qui se renouveloient sans cesse, manquèrent de termes pour les exprimer: ils furent comme accablés sous l'exubérance de l'industrie françoise; si bien qu'il prit comme une impatience générale à l'Europe; &, pour n'être plus séparé de nous, on étudia notre Langue de tous côtés.

Depuis cette explosion, la France a continué de donner un théâtre, des habits, du goût, des manières, une langue, un nouvel art de vivre & des jouissances inconnues aux États qui l'entourent; sorte d'empire qu'aucun peuple n'a jamais exercé. Eh! comparez-lui, je vous prie, celui des Romains, qui semèrent partout leur Langue & l'esclavage, s'engraissèrent du sang des nations, & détruisirent jusqu'à ce qu'ils fussent détruits.

On a beaucoup parlé de Louis XIV: je n'en dirai qu'un mot. Il n'avoit ni le génie d'Alexandre, ni l'esprit & la puissance d'Auguste. Mais pour avoir su régner, pour avoir connu l'art d'accorder ce coup-d'œil, ces foibles récompenses dont le talent veut bien se payer, Louis XIV marche, dans l'histoire de l'esprit humain, à côté d'Auguste & d'Alexandre. Il fut le véritable Apollon du Parnasse françois: les poèmes, les tableaux, les marbres ne respirèrent que pour lui. Ce qu'un autre eût fait par politique, il le fit par goût. Il avoit de la grace; il aimoit la gloire & les plaisirs; & je ne sais quelle tournure romanesque, qu'il eut dans sa jeunesse, remplit les François d'un enthousiasme qui gagna toute l'Europe. Il fallut voir ses bâtimens & ses fêtes; & souvent la curiosité des étrangers soudoya la vanité françoise. En fondant à Rome une colonie de peintres & de sculpteurs, il faisoit signer à la France une alliance perpétuelle avec les arts. Quelquefois son humeur magnifique alloit avertir les princes étrangers du mérite d'un savant ou d'un artiste caché dans leurs États; & il en faisoit l'honorable conquête. Aussi le nom françois & le sien pénétrèrent jusqu'aux extrémités orientales de l'Asie. Notre Langue domina, comme lui, dans tous les traités; & quand il cessa de dicter des loix, elle garda si bien l'empire qu'elle avoit acquis, que ce fut dans cette même Langue, organe de son ancien despotisme, que ce Prince fut humilié vers la fin de ses jours. Ses prospérités, ses fautes & ses malheurs servirent également à la Langue: elle s'enrichit, à la révocation de l'Édit de Nantes, de tout ce que perdoit l'État. Les réfugiés emportèrent dans le Nord leur haine pour le Prince & leurs regrets pour la patrie; & ces regrets & cette haine s'exhalèrent en françois.

Il semble que c'est vers le milieu du règne de Louis XIV que le Royaume fut à son plus haut point de grandeur relative. L'Allemagne avoit de princes nuls; l'Espagne étoit divisée & languissante; l'Italie avoit tout à craindre; l'Angleterre & l'Écosse n'étoient pas encore unies; la Prusse & la Russie n'existoient pas. Aussi l'heureuse France profitant de ce silence de tous les peuples, triompha dans la paix, dans la guerre & dans les arts: elle occupa le monde de ses projets, de ses entreprises & de sa gloire: pendant près d'un siècle, elle donna à ses rivaux & les jalousies littéraires, & les alarmes politiques, & la fatigue de l'admiration. Enfin l'Europe, lasse d'admirer & d'envier, voulut imiter: c'étoit un nouvel hommage. Des essaims d'ouvriers entrèrent en France, & en remportèrent notre Langue & nos arts, qu'ils propagèrent.

Vers la fin du siècle, quelques ombres se mêlèrent à tant d'éclat. Louis XIV vieillissant n'étoit plus heureux. Mais les livres de tant de grands hommes, qui, en travaillant pour leur gloire, illustrèrent leur patrie & l'humanité plus encore que leur Langue, composèrent toujours la bibliothèque du genre humain.

Comme les Grecs, les François ont dans le temple de la Gloire un autel pour les Graces; & leurs rivaux les ont trop oubliées. On peut dire, par hypothèse, que, si le monde finissoit tout-à-coup & faisoit place à un monde nouveau, c'est un excellent livre françois qu'il faudroit lui léguer, pour donner de notre espèce humaine une idée plus heureuse. A richesse égale, il faut que la sèche raison cède le pas à la raison ornée.

Cependant Louis XIV voyoit finir les prospérités & commencer un autre siècle. La France n'avoit respiré qu'un moment: la philosophie angloise ne put résister à son voisinage, & passa les mers. Fontenelle l'accueillit, & la fit aimer à l'Europe. Astre doux & paisible, il régna pendant le crépuscule qui sépara les deux règnes. Son style clair & familier s'exerçoit sur des objets profonds, & nous déguisoit notre ignorance. Montesquieu osoit montrer aux hommes les droits des uns & les usurpations des autres, le bonheur possible & le malheur réel. Pour écrire l'histoire grande & calme de la nature, le Comte de Buffon emprunta ses couleurs & sa majesté: pour en fixer les époques, il se transporta dans des tems qui n'ont point existé pour l'homme; & là son génie rassemble plus de faits que l'Histoire n'en a depuis gravé dans ses Annales: de sorte que ce qu'on appeloit le commencement du monde, & qui touchoit pour nous aux ténèbres d'une éternité antérieure, se trouve placé par lui entre deux suites d'événemens, comme entre deux foyers de lumière. L'Encyclopédie fut annoncée: l'Angleterre avoit tracé ce vaste bassin, où doivent se rendre les diverses branches de nos connoissances; mais il fut creusé par des mains françoises. L'éclat de cette entreprise rejaillit sur la nation, & couvrit le malheur de nos armes. En même tems un Roi du Nord faisoit à notre Langue l'honneur que Marc-Aurèle & Julien faisoient à celle des Grecs; il associoit son immortalité à la nôtre: FRÉDÉRIC voulut être loué des François, comme Alexandre des Athéniens. Au sein de tant de gloire paroît le philosophe de Genève. Ce que la morale avoit jusqu'ici enseigné aux hommes, il le commanda; & son impérieuse éloquence fut écoutée. Il sera jugé par la génération qui s'élève, & qu'il a rendue plus heureuse. Raynal donnoit enfin aux deux mondes le livre où sont tracés les crimes de l'un & les malheurs de l'autre: c'est-là que les puissances de l'Europe sont appelées tour-à-tour au tribunal de l'humanité, pour y frémir des barbaries exercées en Amérique; au tribunal de la philosophie, pour y rougir des préjugés qu'elles laissent encore aux nations; & au tribunal de la politique, pour y entendre leurs véritables intérêts, fondés sur le bonheur des hommes.

Cependant Voltaire régnoit depuis un siècle, & ne permettoit pas à la France de se reposer. L'infatigable mobilité de son ame de feu l'avoit appelé à l'histoire fugitive des hommes. Il attacha son nom à toutes les découvertes, à tous les événemens, à toutes les révolutions de son tems; & la Renommée s'accoutuma à ne plus parler sans lui. Ayant caché le despotisme du génie sous des graces toujours nouvelles, il devint une puissance en Europe, & fut pour elle le François par excellence, lorsqu'il étoit pour nous l'homme de tous les lieux & de tous les tems. Il joignit enfin à l'universalité de sa Langue son universalité personnelle; & c'est un problème de plus pour la postérité.

Ces grands hommes nous échappent, il est vrai: mais nous vivons encore de leur gloire; & nous la soutiendrons, puisqu'il nous est donné de faire dans le monde physique les pas de géant qu'ils ont faits dans le monde moral. L'airain vient de parler entre les mains d'un François[6]; & l'immortalité que les livres donnent à notre Langue, des automates vont la donner à sa prononciation. C'est en France, & à la face des nations, que deux François se sont trouvés entre le ciel & le terre, comme s'ils eussent rompu le contrat éternel que tous les corps ont fait avec elle: ils ont voyagé dans les airs, suivis des cris de l'admiration & des alarmes de la reconnoissance d'un peuple qui ne vouloit pas acheter un nouvel empire aux dépens de ces hommes généreux. La commotion qu'un tel spectacle a laissée dans les esprits durera longtems; & si, par ses découvertes, la physique poursuit ainsi l'imagination dans ses derniers retranchemens, il faudra bien qu'elle abandonne ce merveilleux, ce monde idéal, d'où elle se plaisoit à charmer & à tromper les hommes. Il ne restera à la poésie que le langage de la raison & des passions; & c'est un assez bel empire.

Le choix que l'Europe a fait de la Langue françoise comme Langue de communication, est expliqué & justifié: il me reste à prouver que si cette Langue a conquis l'empire par les livres, autant que par l'humeur & l'heureuse position du peuple qui la parle, elle l'a conservé par son propre génie.

Ce qui distingue notre Langue des Langues anciennes & modernes, c'est l'ordre & la construction de la phrase. Cet ordre doit toujours être direct & nécessairement clair. Le François nomme d'abord le *sujet* de la phrase, ensuite le *verbe* qui est l'action, & enfin l'*objet* de cette action. Voilà la logique naturelle à tous les hommes: voilà ce qui constitue le sens commun.

Or, cet ordre si favorable, si nécessaire au raisonnement, est presque toujours contraire aux sensations, qui nomment le premier l'objet qui frappe le premier. C'est pourquoi tous les peuples, abandonnant l'ordre direct, ont eu recours aux tournures plus ou moins hardies, selon que leurs sensations ou l'harmonie de la phrase l'exigeoient; & l'*inversion* a prévalu sur la terre, parceque l'homme est plus impérieusement gouverné par les passions que par la raison.

Le François, par un privilège unique, est seul resté fidèle à l'ordre direct, comme s'il étoit toute raison: & on a beau, par les mouvemens les plus variés, & toutes les ressources du style, déguiser cet ordre, il faut toujours qu'il existe; & c'est envain que les passions nous bouleversent & nous sollicitent de suivre des sensations; la syntaxe françoise est incorruptible.

C'est de là que résulte cette admirable clarté, base éternelle de notre Langue. Ce qui n'est pas clair n'est pas françois: ce qui n'est pas clair est encore anglois, italien, grec ou latin. Pour apprendre les Langues à inversions, il suffit de connoître les mots & leurs régimes: pour apprendre la Langue françoise, il faut encore retenir l'arrangement des mots. On diroit que c'est d'une géométrie toute élémentaire, de la simple ligne droite, que s'est formée la Langue françoise, & que ce sont les courbes, ou leurs variétés infinies, qui ont présidé aux Langues grecque & latine. La nôtre règle & conduit la pensée: les autres se précipitent & s'égarent avec elle dans le labyrinthe des sensations, & suivent tous les caprices de l'harmonie[7].

Il est arrivé de là que la Langue françoise a été moins propre à la musique & aux vers qu'aucune Langue ancienne & moderne: car ces deux arts vivent de sensations; la musique sur-tout, dont la propriété est de donner de la force à des paroles sans couleur, & d'affoiblir des pensées fortes: preuve incontestable qu'elle est elle-même une Langue à part, & qu'elle repousse tout ce qui peut partager les sensations avec elle. Car ce n'est point, comme on l'a dit, parceque les mots françois ne sont point sonores; c'est parceque la phrase offre toujours l'ordre & la force, quand le chant demande le désordre & l'abandon. La musique doit toujours bercer l'ame dans le vague, & ne rien définir à l'esprit. Malheur à celle dont on dira qu'elle a bien raisonné.

Mais si la rigide construction de la phrase françoise gêne la marche du poète, l'imagination est encore arrêtée par le génie circonspect de la Langue. Les métaphores des poètes étrangers ont toujours un degré de plus que les nôtres: ils serrent le style figuré de plus près; & leur poésie est plus haute en couleur[8]. Il est généralement vrai que les figures orientales étoient folles; que celles des Grecs & des Latins ont été hardies, & que les nôtres sont justes. Il faut donc que le poète françois plaise par la pensée, par une élégance continue, par des mouvemens heureux, par des alliances de mots. C'est ainsi que les grands maîtres n'ont pas laissé de cacher de grandes hardiesses dans le tissu d'un style clair & sage; & c'est de l'artifice avec lequel ils ont su déguiser leur fidélité au génie de la Langue, que résulte tout le charme de leur style.

Un des plus grands problêmes qu'on puisse proposer aux hommes, c'est cette constance de l'ordre régulier dans notre Langue. Je conçois bien que les Grecs, & même des Latins, ayant donné une famille à chaque mot, & de riches modifications à leurs finales, ont pu se livrer aux plus hardies tournures, pour obéir aux impressions qu'ils recevoient des objets; tandis que, dans nos Langues modernes, l'embarras des conjugaisons & l'attirail des articles, la présence d'un nom mal apparenté ou d'un verbe défectueux, nous font tenir sur nos gardes pour éviter l'obscurité. Mais pourquoi la Langue françoise s'est-elle trouvée seule assujétie à l'ordre direct? Il faut croire que, par son génie, la nation françoise a souverainement besoin de clarté.

Tous les hommes ont ce besoin sans doute; & je ne croirai jamais que les gens du peuple, chez les Grecs & les Romains, aient usé d'inversions. Leurs plus grands écrivains se sont plaint de l'abus qu'on en faisoit en vers & en prose: & quand on lit Démétrius de Phalère, on est frappé de tous les éloges qu'il donne à Thucidide, pour avoir débuté, dans son Histoire, par une phrase de construction toute françoise.

On ne peut nier, ce me semble, que les inversions ne soient l'unique cause des difficultés & des équivoques dont fourmillent les Langues grecque & latine, plus hardies dans leurs tournures que toutes les Langues modernes. Une fois que l'ordre du raisonnement est sacrifié, l'oreille & l'imagination (ce qu'il y a de plus capricieux dans l'homme) restent maîtresses du discours, & la pensée n'a plus qu'une marche incertaine.

Mais la Langue françoise, ayant la clarté par excellence, a dû porter toute sa force dans la prose; & sa prose a dû lui donner l'empire. Cette marche est dans la nature. Rien, en effet, n'est comparable à la prose françoise. «L'heureuse prose, dit Quintilien, est celle où l'ordre est naturel, les liaisons sensibles, & la période harmonieuse.» On diroit qu'il a voulu peindre la prose françoise.

Il y a des pièges & des surprises dans les Langues à inversions. Le lecteur reste suspendu, dans une phrase latine, comme le voyageur devant des routes qui se croisent: il attend que toutes les finales l'aient averti de la correspondance des mots: son oreille reçoit; & son esprit, qui n'a cessé de décomposer pour composer encore, résoud enfin le sens de la phrase comme un problême.

La prose françoise se développe en marchant, & se déroule avec grace & noblesse. Toujours sûre de la construction de ses phrases, elle entre avec plus de bonheur dans la discussion des choses abstraites; & sa sagesse donne de la confiance à la pensée. Les philosophes l'ont adoptée, parcequ'elle s'accommode également & de la frugalité didactique, & de la magnificence qui convient à la grande histoire de la nature.

On ne dit rien en vers qu'on ne puisse aussi bien exprimer en prose; & cela n'est pas réciproque. Le prosateur tient plus étroitement sa pensée, & la conduit par le plus court chemin, tandis que le versificateur laisse flotter les rênes, & va où la rime le pousse. Notre prose s'enrichit tous les jours: elle poursuit le vers dans toutes ses hauteurs, & ne laisse entre elle & lui que la rime, foible rempart élevé par les Goths. Étant donnée à tous les hommes, elle a plus de juges que la versification, & sa difficulté se cache sous une extrême facilité. Le versificateur enfle sa voix, s'arme de la rime & de la mesure, & tire sa pensée du sentier vulgaire. Mais que de foiblesses ne cache pas l'art des vers! La prose accuse le nu de la pensée: il n'est pas permis d'être foible avec elle. Selon Denis d'Halicarnasse, il y a une prose qui vaut mieux que les meilleurs vers: c'est elle qui fait lire les grands ouvrages: c'est à elle que la Langue françoise doit toute sa fortune.

Lorsqu'elle traduit, elle explique véritablement un auteur. Les Langues italienne & angloise, abusant de leurs inversions, se jettent dans tous les moules que le texte leur présente. Elles se calquent sur lui, & rendent difficulté pour difficulté. Je n'en veux pour preuve que Davanrati. Quand le sens de Tacite se perd, comme un fleuve qui disparoît tout-à-coup fous la terre, le traducteur s'y plonge & se dérobe avec lui; mais le lecteur les perd souvent tous deux.

Sa prononciation porte l'empreinte de son caractère: elle est plus variée que celle des Langues du Midi, mais moins éclatante: elle est plus douce que celle des Langues du Nord, parcequ'elle n'articule pas toutes ses lettres. Le son de l'*e* muet, toujours semblable à la dernière vibration des corps sonores, lui donne une harmonie légère qui n'est qu'à elle.

Si elle n'a point les diminutifs & les mignardises de la Langue italienne, son allure en est plus mâle. Dégagée de tous les protocoles que la bassesse inventa pour la vanité, elle en est plus faite pour la conversation, lien des hommes & charme de tous les âges; & puisqu'il faut le dire, elle est, de toutes des Langues, la seule qui ait une probité attachée à son génie. Sûre, sociale, raisonnable, ce n'est plus la Langue françoise; c'est la Langue humaine.

Et voilà pourquoi les puissances l'ont appelée dans leurs traités: elle y règne depuis les conférences de Nimègue; & désormais les intérêts des peuples & les volontés des rois reposeront sur une base plus fixe: on ne sèmera plus la guerre dans des paroles de paix.

Aristipe ayant fait naufrage, aborde à une île inconnue; & voyant des figures de géométrie tracées sur le rivage, il s'écrie que les dieux ne l'avoient pas conduit chez des barbares. Quand on arrive chez un peuple, & qu'on y trouve la Langue françoise, on peut se croire chez un peuple poli.

En considérant la Langue latine comme la grosse planète, & les Langues de l'Europe comme ses satellites, la françoise paroît être à une distance plus heureuse, & sa température tient au rang qu'elle occupe.

Léibnitz cherchoit une Langue universelle; & nous l'établissions autour de lui. Ce grand homme sentoit que la multitude des Langues étoit fatale au génie, & prenoit trop sur la briéveté de la vie. Il est bon de ne pas donner trop de vêtemens à sa pensée. Il faut, pour ainsi dire, voyager dans les Langues; & après avoir savouré le goût des plus célèbres, se renfermer dans la sienne.

Si nous avions les littératures de tous les peuples passés, comme nous avons celles des Grecs & des Romains, ne faudroit-il pas que tant de Langues se réfugiassent dans une seule par la traduction? Ce sera vraisemblablement le sort des Langues modernes; & la françoise leur offre un port dans le naufrage. L'Europe présente une république fédérative, composée d'empires & de royaumes, & la plus redoutable qui ait jamais existé. On ne peut en prévoir la fin; & cependant la Langue françoise doit encore lui survivre. Les États se renverseront; & cette Langue sera toujours retenue dans la tempête par deux ancres, sa littérature & sa clarté, jusqu'au moment où, par une de ces grandes révolutions qui remettent les choses à leur premier point, la nature vienne renouveler ses traités avec nous.

Mais, sans attendre l'effort des siècles, cette Langue ne peut-elle pas se corrompre? Cette question mèneroit trop loin: il faut seulement soumettre la Langue françoise à un principe commun à toutes les Langues.

Le langage est la peinture de nos idées, qui, à leur tour, sont des images plus ou moins étendues de quelques parties de la nature. Comme il existe deux mondes pour chaque homme en particulier, l'un hors de lui, qui est le monde physique, & l'autre, le monde moral ou intellectuel, qu'il porte dans soi, il y a aussi deux styles dans le langage, le naturel & le figuré. Le premier exprime ce qui se passe hors de nous & dans nous par des causes physiques: il compose le fonds des Langues, s'étend par l'expérience, & peut être aussi grand que la nature. Le second exprime ce qui se passe dans nous & hors de nous; mais c'est l'imagination qui le compose des emprunts qu'elle fait au premier. *Le soleil brûle, le marbre est froid, l'homme desire la gloire:* voilà le langage propre ou naturel. *L'homme brûle de desir, la crainte nous glace:* voilà le style figuré, qui est pour ainsi dire la doublure de l'autre, & qui double réellement les richesses des Langues. Comme il tient à l'idéal, il paroît plus grand que la nature.

C'est ce style figuré qui porte un germe de corruption, comme tout ce qui vient de l'homme. Le style naturel ne peut être que vrai; & quand il est faux, l'erreur est de fait, & nos sens la corrigent tôt ou tard. Mais les erreurs dans les figures & dans les métaphores annoncent de la fausseté dans l'esprit & un amour de l'exagération qui ne se corrige pas.

Une Langue vient donc à se corrompre, lorsque, confondant les limites qui séparent le style naturel du figuré, on met de l'affectation à outrer les figures & à rétrécir le naturel qui est la base, pour charger d'ornemens superflus l'édifice de l'imagination & des passions.

Par exemple, il n'est point d'art ou de profession dans la vie, qui n'ait fourni des expressions figurées au langage. On dit: *la trame de la perfidie, le creuset du malheur*, &c; & on voit que ces expressions sont comme assises à la porte de chaque profession: chacun les connoît. Mais quand on veut aller plus avant, & qu'on dit: *cette vertu qui sort du creuset du malheur, n'a pas perdu tout son alliage; il lui faut plus de cuisson*, &c: lorsqu'on passe de la *trame de la perfidie* à la *navette de la perfidie*, on tombe dans l'affectation. C'est ce défaut qui perd les écrivains des nations avancées: ils veulent être neufs, & ne sont que bizarres: ils tourmentent leur langue, & veulent que l'expression leur donne la pensée, tandis que celle-ci doit toujours amener l'autre.

Enfin, il y a une autre espèce de corruption, mais qui n'est pas à craindre pour la Langue françoise: c'est la bassesse des figures. Ronsard disoit: *le soleil perruqué de lumière; la voile s'enfle à plein ventre.* Ce défaut précède la maturité des Langues & des peuples, & disparoît avec la politesse.

NOTES.

1 Quand un prédicateur, pour être entendu des peuples, avoit prêché en langue vulgaire, il se hâtoit de transcrire son sermon en latin. Ce sont ces espèces de traductions, faites par les auteurs mêmes, qui nous sont restées. Un tel usage prolongeoit bien l'enfance des Langues modernes. Il faut observer ici que non seulement les Gaulois quittèrent l'ancien Celte pour la Langue romaine, mais qu'ils voulurent aussi s'appeler Romains: il se plaisoient à nommer leur pays Gaule Romaine, ou Romanie. Les Francs, leurs vainqueurs, eurent le même foible; tant le nom romain en imposoit encore à ces Barbares! Nos premiers rois se qualifioient de Patrices Romains, comme chacun sait. La Langue nationale, qu'on appelle Romain, ou Roman rustique, se combina donc du Celte des anciens Gaulois, du Tudesque des Francs, & du Latin: elle fit ensuite quelques alliances avec le Grec, l'Arabe & le Lombard. Au tems de François I, la Langue étoit encore appelée Roman. Guillaume de Nangis prétend que c'est "pour la commodité des bonnes gens qu'il a translaté son Histoire du latin au roman". Ce nom est resté à tous les Ouvrages faits sur le modèle des vieilles histoires d'amour & de chevalerie.

2 C'est Brunetto-Latini, précepteur du Dante. Il composa un Ouvrage intitulé TESORETTO, ou le Petit Trésor, en Langue françoise, au commencement du treizième siècle.

Pour s'excuser de la préférence qu'il donne à cette Langue sur la sienne, voici comme il s'exprime: "Et d'aucuns demande porquoy chy livres est escry en Romans, selon le patois de France, puisque nous sommes Italiens, je dirai que c'est pour deux raisons; l'une, porceque nous sommes en France; l'autre, porceque le François est plus delectable langage & plus commun que moult d'autres". Brunet-Latin étoit exilé en France. Les poésies de Thibaut, Roi de Navarre & Comte de Champagne, les romans de chevalerie & la cour de la Reine Blanche donnoient du lustre au François; tandis que l'Italie, morcelée en petits Etats, & déchirée par d'horribles factions, avoit quinze ou vingt patois barbares & pas un livre agréable. Le Dante & Pétrarque n'avoient point encore écrit.

3 Louis XII & François I ordonnèrent qu'on ne traiteroit plus les affaires qu'en François. Les Facultés ont persisté dans leur latinité barbare: *Hodièque manent vestigia ruris.*

4 Celui de Saint Louis, des Romanciers d'après, d'Alain Chartier, de Froissard, celui de Marot, de Ronsard, d'Amiot, & enfin la Langue de Malherbe qui est la nôtre. On trouve le même bigarrure chez tous les peuples: le Latin des douze tables, celui d'Ennius, celui de César, & enfin la latinité du moyen âge.

5 Voici des vers de Tibaut, Comte de Champagne:

Ni Empereur ni Roi n'ont nul pouvoir,
Au prix d'Amour; de ce m'ose vanter:
Ils peuvent bien donner de leur avoir,
Terren & fiefs, & fourbes pardonner;

Mais Amour peut homme de mort garder,
Et donner joie qui dure, &c.

Et ceux-ci, qui sont de l'an 1226.

Chacun pleure sa terre & son pays,
Quand il se part de ses joyeux amis:
Mais il n'est nul congé, quoi qu'on die,
Si douloureux que d'ami & d'amie.

On croit entendre Voiture ou Chapelle. Comparez maintenant les vers de Ronsard, ou d'un de ses disciples, sur le cheval:

Passant, à clos yeux,
Sans faire chopade,
La vite virade,
Pompante pennade,
Le Saut soulevant,
La roide ruade,
Prompte pétarade,
J'ai mis en avant.

Et ceux de Pelletier, sur l'alouette:

Guindée par Zéphyre,
Sublime en l'air vire & revire,
Et y déclique un joli cri,
Qui rit, guérit & tire l'ire
Des esprits mieux que je n'écris.

Ces poètes séduits par le plaisir que donne la difficulté vaincue, voulurent l'augmenter encore, afin d'accroître leur plaisir; & de là vinrent les vers monorimes & monosyllabiques, les échos, les rondeaux, les sonnets, que Boileau a eu le malheur de tant louer. Tout leur art poétique roula sur cette multitude de petits poèmes, qui n'avoient de recommandable que les bizarres difficultés dont ils étoient hérissés, & qui étoient presque toujours inintelligibles.

6 Il y a dans la rue du Temple, à Paris, un ouvrage de méchanique, qui attire la foule des connoisseurs, & qu'on va bientôt livrer à la curiosité publique. Ce sont deux têtes d'airain, qui parlent, & qui prononcent nettement des phrases entières. Elles sont colossales, & leur voix est sur-humaine: aussi va-t-on les transporter bientôt dans une grande salle, afin d'en mieux jouir, en les mettant dans la double perspective de l'oreille & des yeux. Cet ouvrage a décidé un grand problême: il s'agissoit de savoir si la parole pouvoit quitter le siège vivant que lui a assigné la nature, pour venir s'attacher à la matière morte & aux nouveaux organes que lui préparoit la main de l'homme. Il a fallu trente ans à M. l'Abbé Mical pour résoudre cette question; & s'il étoit possible de suivre de l'œil toutes ses démarches; si cet habile artiste nous eût conservé tous ses essais, ce seroit-là sans doute une galerie de méchanique bien intéressante à parcourir. Il y a aussi loin d'une

roue & d'un levier à une tête qui parle, que d'un trait de plume au tableau de la transfiguration: car il faut convenir que, depuis la poésie jusqu'à la méchanique, le complément de tout art, c'est l'homme. Vaucanson s'est arrêté aux animaux, dont il a rendu tous les mouvemens & contrefait les digestions: mais M. Mical, voulant tenter avec la Nature une lutte jusqu'à nos jours regardée comme impossible, s'est élevé jusqu'à l'homme, & a choisi dans lui l'organe le plus brillant & le plus compliqué, je veux dire, l'organe de la parole. En suivant donc la nature pas-à-pas, ce grand artiste s'est apperçu que l'organe vocal étoit dans la glotte un instrument à vent, qui avoit son clavier dans la bouche; qu'en soufflant du dehors au dedans, comme dans une flûte, on n'obtenoit que des sons filés; mais que, pour articuler des mots, il falloit souffler du dedans au dehors. En effet, l'air, en sortant de nos poumons, se change en son dans notre gosier; & ce son est morcelé en syllabes par les lèvres, & par un muscle très-mobile, qui est la langue, aidée des dents & du palais. Un son continu n'exprimeroit qu'une seule affection de l'ame, & se rendroit par une seule voyelle: mais coupé à différens intervalles par la langue & les lèvres, il se charge d'une consonne à chaque coup; & se modifiant en une infinité de tons, il rend la variété de nos idées. Sur ce principe, M. Mical applique deux claviers à ses têtes parlantes; l'un en cylindre, par lequel on n'obtient qu'un nombre déterminé de phrases, mais sur lequel les intervalles des mots & leur prosodie sont marqués exactement: l'autre clavier contient, dans l'étendue d'un ravalement, tous les sons & tous les tons de la Langue françoise, réduits à un petit nombre, par une méthode ingénieuse & particulière à l'auteur. Avec un peu d'habitude & d'habileté, on parlera avec les doigts comme avec la langue; & on pourra donner au langage des têtes la rapidité, les repos, & toute la physionomie enfin que peut avoir une langue qui n'est point animée par les passions. Le étrangers prendront la Henriade ou le Télémaque, & les feront réciter d'un bout à l'autre, en les plaçant sur le clavecin vocal, comme on place des partitions d'opéra sur des clavecins ordinaires. Quand les têtes parlantes ne seroient qu'un objet de curiosité, elles obtiendroient certainement la première place en méchanique: mais elles ont, en outre, une utilité d'un genre si extraordinaire, & si près de nous en même tems, qu'on ne peut qu'en être frappé. L'histoire des Langues anciennes n'est pas complette, parceque nous n'avons jamais que la Langue écrite, & que la Langue parlée est toujours perdue pour nous: voilà pourquoi nous les appelons Langues mortes. En effet, le Grec & le Latin ne nous offrent que des signes morts, auxquels on ne pourroit redonner la vie qu'en y attachant la prononciation qui les animoit autrefois; ce qui est impossible, puisqu'il faudroit deviner les différentes valeurs que les peuples donnoient à leurs lettres & à leurs syllabes. Si donc l'antiquité eût construit des têtes d'airain, & qu'on nous les eût conservées, nous n'aurions pas cette incertitude, & nous serions encore charmés des périodes de Cicéron & des beaux vers de Virgile, que les peuples d'Europe estropient chacun à leur manière: & pour revenir à nous, on sait jusqu'à quel point la prononciation d'une Langue influe sur la fortune qu'elle fait dans le monde. La nôtre s'est prodigieusement adoucie depuis François I; & nous n'entendrions plus, sans frémir, les articulations rocailleuses de nos aïeux. Maintenant, par une heureuse analogie avec le climat & le caractère du peuple qui la parle, elle tient le milieu entre les Langues du Nord & celles du Midi: moins de mollesse que les unes, plus de douceur que les autres, voilà son partage. Aussi les étrangers, qui lui trouvent je ne fais quel air plus raisonnable, plus social & mieux accommodé à la constitution humaine, lui font le même honneur qu'à nos vins de Bourgogne, & la mettent à tous les jours. Il n'y a, j'ose le prédire, que les têtes parlantes qui puissent conserver cette honorable universatité à la Langue françoise, & la rassurer contre l'instabilité des choses humaines. Ces têtes, si on les multiplie en Europe, vont devenir l'effroi de cette multitude de maîtres de langue, suisses & gascons, dont tous les pays sont infectés, & qui dénaturent notre Langue chez des peuples qui l'aiment. Nous enfin, qui sommes la postérité des peuples passés, ne serions-nous pas charmés d'entendre le François tel qu'on le parloit à la cour de Henri IV seulement? Les livres qu'ont laissés nos pères, & ceux que nous faisons, nous avertissent, par comparaison, de la décadence du goût. Ainsi, les têtes parlantes avertiront nos enfans de la décadence de la prononciation, en leur fournissant un objet de comparaison que nous n'avons pas. Voilà donc un ouvrage dont la France peut s'honorer; qu'Archimède n'a fait qu'entrevoir; après lequel tous les grands artistes ont soupiré, & que tous les charlatans ont annoncé de siècle en siècle. De même que le coup-d'œil de l'homme sur les mots, tout fugitif qu'il est, se trouve à jamais arrêté par l'impression; la prononciation de la parole, non moins fugitive pour l'oreille, se trouve éternellement fixée par les têtes d'airain. Elles animeront nos bibliothèques; & c'est par les livres & par elles que sera confirmée, contre tous les efforts du tems, l'irrévocable alliance de la peinture & de la musique dans le langage.

7 L'harmonie imitative dans le langage achève & perfectionne la description d'un objet. Elle peint aux yeux, à l'oreille, à tous les sens. On la trouve dans le nom même de la chose, ou dans le verbe qui exprime l'action. Quand le nom & le verbe n'ont pas d'harmonie qui imite, on ne parvient à la créer que par le choix des épithètes & la coupe des phrases.

8 A Dieu ne plaise que je veuille avilir les beaux vers, ainsi que la musique! ils ne sont point l'ouvrage du raisonnement, mais un véritable présent de la nature. L'éloquence a plus d'une route; & l'éloquence en vers est admirable: mais son méchanisme coûte trop de tems à l'homme, dans notre Langue sur-tout. Quoique la rime nous vienne des Barbares, il n'est pas de peuple qui n'ait rimé, excepté les Grecs & les Romains. Encore avoient-ils la rime des mesures, comme nous avons celle des sons; & dans ce sens, tous les arts ont leurs rimes, qui sont leurs symmétries. En défendant la rime contre La Mothe, Voltaire oublia son plus bel avantage: c'est qu'un jour elle pourra, si notre Langue périssoit, en fixer à-peu-près la prononciation. Il s'élèvera des Saumaises, qui compileront laborieusement les rimes françoises; & comme il n'y a presque pas un mot qui n'ait passé par la rime, ils devineront par là que *jamais & succès* se prononçoient de même, & ainsi de suite. N'est-ce pas en consultant la mesure des vers, que nous avons fixé la valeur de chaque syllabe chez les Latins & les Grecs?

CONSIDÉRATIONS

SUR

LE DICTIONNAIRE

DE

LA LANGUE ALLEMANDE,

CONÇU

AUTREFOIS PAR LEIBNITZ, ET MAINTENANT EXÉCUTÉ PAR UNE SOCIÉTÉ D'ACADÉMICIENS;

SOUS LES AUSPICES

DE

M. LE COMTE DE HERTZBERG:

PAR

M^r. BORRELLY,

MEMBRE ORDINAIRE DE L'ACADÉMIE ROYALE DES SCIENCES ET BELLES LETTRES DE PRUSSE, ASSOCIÉ DE CELLE DE MARSEILLE; CORRESPONDANT DU MUSÉE DE PARIS, PROFESSEUR D'ÉLOQUENCE A L'ACADÉMIE MILITAIRE, ET INSPECTEUR DES CLASSES FRANÇOISES AU CORPS DE CADETS.

A BERLIN,
CHEZ FRÉDÉRIC FRANKE
VIS-A-VIS DU CHÂTEAU.
1792.

PRÉFACE

Mr. le comte de Hertzberg annonça, le 26 janvier dernier, dans l'assemblée publique de notre Académie, »que, d'après son conseil, plusieurs de nos confrères allemands se disposoient à exécuter le plan de Leibnitz sur *l'amélioration de leur langue*;« et qu'en conséquence, cette députation académique consacreroit quelques années »à rassembler les matériaux, pour faire une *grammaire exacte*, un *dictionnaire complet*, et une *histoire suivie de la langue allemande*«.

Mrs. Zöllner[1] et Moritz[2], dans cette même séance, lurent, chacun, un mémoire, pour démontrer la nécessité et toute l'importance de ce projet.

Leurs discours parurent peu de temps après; et, à leur site, l'on réimprima les considérations de l'homme célèbre, qui leur avoit tracé la route qu'ils devoient suivre.

La lecture de ces différentes pièces m'inspira le plus vif desir de voir commencer cette grande entreprise; et jamais je n'ai regretté, plus qu'en cette occasion, de ne pouvoir y concourir selon la mesure de mes foibles talens.

Je réfléchis, cependant, sur les moyens d'exécution qu'on pourroit embrasser. Mr. le comte de Hertzberg en indique quelques-uns dans son discours: mais il n'insiste point sur les développemens. Mr. Zöllner se borne à faire l'éloge des vues de Leibnitz; et Mr. Moritz, à inviter les savans, qui doivent être ses collaborateurs, à purger la langue allemande des mots étrangers, qu'il est très-possible, selon lui, de remplacer par des mots indigènes.

J'osai donc me permettre de joindre mes efforts à ceux de mes confrères, soit pour applanir les difficultés, soit pour éviter les écueils, qu'on rencontreroit dans une aussi vaste et pénible carrière; et quoique je n'aye pas l'honneur d'être l'un des membres de la députation, je crus qu'on ne trouveroit pas mauvais que j'exposasse aussi mes idées sur cette matière.

Les considérations de Leibnitz fixerent ensuite toute mon attention. Je les lus à plusieurs reprises. Elles m'offrirent partout de très-grandes vues, et dignes du génie sublime de ce philosophe. Mais, en les discutant avec soin, je reconnus (ce dont il nous avertit lui-même) que ces considérations ne sont qu'une ébauche, qu'un ouvrage *de premier jet*, pour ainsi parler; que, tout admirables qu'elles sont, elles contiennent quelques inexactitudes, et même des erreurs; qu'on les méditera, sans doute, toujours avec fruit, mais que le plan, qu'elles présentent dans leur ensemble, demande encore beaucoup de détails.

Je conçus donc un nouvel espoir de me rendre utile à ceux qui alloient s'occuper du perfectionnement de leur langue, en faisant une espèce de commentaire des principales propositions de l'immortel Leibnitz, et, surtout, en développant les notions élémentaires sur les langues en général, qui ont toujours été l'un des premiers objets de mes méditations et de mes études.

Si mon travail est honoré des suffrages du public et de l'Académie, je me suis proposé de commenter de même plusieurs autres ouvrages, également estimés; tels que la Mécanique des langues par Mr. Pluche[3], les Réflexions de J.J. Rousseau[4] sur leur origine, et tous les grands principes de Mrs. l'abbé Girard[5], Du-Marsais[6], d'Açard[7], Beauzée[8], Court de Gebelin[9], Le Brigant[10] et l'abbé de Condillac[11], aussi relatifs à la formation, à la culture et à la perfection des langues.

CONSIDÉRATIONS SUR LE DICTIONNAIRE DE LA LANGUE ALLEMANDE

Chaque langue doit avoir son Dictionnaire: C'est-là une de ces vérités, qui frappent par leur évidence, et qu'aucun homme raisonnable n'oseroit révoquer en doute. Qui peut ne pas sentir la nécessité d'un dépot universel des mots ou signes représentatifs de nos idées? Et quel homme n'est pas quelquefois obligé d'y avoir recours? Quand même nos connoissances ne seroient pas aussi bornées qu'elles le sont, notre mémoire n'est pas assez prompte, assez vive, assez facile, pour nous offrir toujours au besoin, l'élocution juste, convenable et conforme à l'usage, qui, en transmettant nos pensées aux autres, puisse encore leur plaire et les intéresser.

Aussi, n'y a-t'il peut-être pas de nation, surtout en Europe où les lumières ont fait de si grands progrès, qui n'ait le Dictionnaire de sa langue, et plusieurs même d'entr'elles en ont un très grand nombre. Combien n'en compterions-nous pas, en France, par exemple? Ceux de Richelet[12], de Danet[13], de Joubert[14], de Buffier[15], de la Martiniere[16], de Trevoux[17], de l'Académie françoise[18], et le grand vocabulaire[19], so trouvent dans toutes les bibliothèques. L'Angleterre, l'Espagne, l'Italie, abondent en ces sortes d'ouvrages. La Russie elle-même, à peine sortie des ténèbres de l'ignorance et de la barbarie, a reconnu la nécessité de se procurer de pareils secours; et si l'exécution du Dictionnaire, dont elle s'occupe depuis quelques années, pouvoit répondre par sa bonté, à l'immense étendue d plan qu'on s'en est tracé, ce seroit une production unique et vraiment étonnante.

Mais, nulle part encore, les Dictionnaires n'ont été portés au degré de perfection dont ils sont susceptibles. Celui de l'Académie françoise est regardé généralement comme le plus estimable qu'on ait publié jusqu'à ce jour: et cependant, il laisse tant à desirer, que M. de Voltaire, juge très compétent et irrécusable en matière de langage, recueillit, pour ainsi dire, toutes ses forces à l'âge de 80. ans, pour déterminer ses confrères à le refondre, et que, pour échauffer leur zèle, il leur offrit, pour cette utile entreprise, avec tout l'enthousiasme qui l'anima toujours, le tribut de ses méditations et de ses travaux.

C'est donc un projet bien utile, et bien digne des suffrages des vrais amis des lettres, que celui d'un nouveau vocabulaire de la langue allemande, que M. de comte de Hertzberg vient de projetter, et auquel, en sa qualité de Curateur de l'Académie, il se propose de faire concourir tous ceux de ses membres, qui peuvent remplir son plan au gré de ses vœux.

Ce plan est, jusqu'ici, le même que celui de l'immortel Leibnitz. Je vais l'examiner dans tous ses détails; et, en le jugeant, je tâcherai d'oublier l'auteur, dont l'autorité est par elle-même si imposante, pour apprécier, avec plus d'impartialité, les différentes vues, que nous présente son ouvrage. J'exposerai, en même temps, avec une égale franchise, ce qui me paroit propre à faciliter l'exécution de l'entreprise que l'on médite.

Considérations sur la culture et la perfection de la langue allemande

Je me sers de la traduction qu'on a faite de cet ouvrage de Leibnitz, n'étant pas en état de lire l'original. Elle n'est pas toujours bien correcte; et l'expression en est quelquefois louche, équivoque; mais je m'attacherai au fond des choses, à la pensée, et non aux mots.

Les langues sont le miroir de l'entendement; et les nations qui cherchent à cultiver leur entendement s'appliquent, en même temps, à la perfection de leur langue.

Ce principe est de la plus grande justesse. Si nous étions destinés à vivre isolés, il nous suffiroit de penser: mais nous sommes faits pour la société; nous devons communiquer avec nos semblables; et dès-lors, nous avons besoin d'un langage, qui leur peigne les différentes nuances des objets que saisit notre entendement, qui leur rende sensibles les diverses affections et, pour ainsi dire, tous les mouvemens de notre ame; qui frappe, remue, échauffe leur imagination, en même temps qu'il éclaire leur intelligence; de manière que les signes, qui composent ce langage, représentent, comme dans un *miroir* fidèle, tout ce qui se passe au dedans de nous-mêmes.

Les allemands ont déjà fait, ce me semble, de grands progrès dans la culture de leur langue, en ce qui est du ressort des cinq sens.

Un pareil éloge ne sera point taxé d'exagération; et, du temps de Leibnitz, la nation étoit, sand doute, trop avancée, pour manquer, en ce genre, d'expressions convenables. On doit raisonnablement supposer, qu'elle a procédé, dans la formation de sa langue, comme toutes les autres nations, anciennes et modernes. Il est naturel de porter d'abord son attention sur les objets physiques qui nous environnent, et qui s'offrent immédiatement à nos appétits ou à nos besoins; et l'expérience nous prouve, que les connoissances directes sont toujours celles que nous acquérons les premières.

Toute la différence, qu'il peut y avoir entre un peuple et un peuple, ne consiste que dans le plus ou le moins d'application que l'on donne à l'étude de la nature, ou dans le plus ou le moins de facilité qu'on a de se livrer à sa contemplation.

Or, sous ces deux rapports, les allemands ne l'ont jamais cédé à aucune nation de l'Europe. Ils sont industrieux et observateurs, laborieux et infatigables; et leur sol est l'un des plus riches, des plus fertiles en toutes sortes de productions. Comment, avec ces qualités et tous ces avantages réunis, n'auroient-ils pas inventé les signes représentatifs des divers objets de leurs connoissances?

On ne songe pas à créer les mots, quand on n'a pas les idées des choses: mais jamais, dans aucun siecle et chez aucun peuple, on n'a eû l'idée d'une chose, sans qu'aussitôt on n'ait travaillé à la rendre par une expression analogue à sa nature ou à sa destination. Ou on la cherche dans d'autres langues, pour se l'approprier, en la modifiant; ou l'on en forme une toute nouvelle d'après les propres élémens de sa langue: et c'est dans ce sens qu'on a dit, et qu'on dira toujours avec fondement, que *toute langue tire son origine de nos besoins.*

Des principes que je viens d'établir, résultent deux conséquences: La première, c'est que la nation, dont la langue abonde le plus en termes directs et primitifs, doit être censée la plus instruite, la plus avancée dans ses recherches sur la nature; et la seconde, c'est que, pour décider de l'antériorité des lumières entre les nations modernes, et de la supériorité même qu'elles peuvent avoir les unes sur les autres, il ne faut que consulter leurs langues et les comparer; il ne faut que vérifier, quelles sont celles, où les mots étrangers sont les plus nombreux.

Il est évident, en effet, qu'on n'emprunte d'un peuple les signes dont on est privé, que parcequ'on n'a connu qu'après lui les choses que ces signes sont destinés à représenter, ou que parcequ'on n'a pas aussi finement saisi leurs diverses nuances, pour les exprimer avec autant de précision et de fidélité; ce qui suffit, pour faire adjuger le premier rang au peuple rival, dont on met la langue à contribution.

Les savans, uniquement occupés de leur latin, avoient presque entiérement abandonné leur langue naturelle au peuple, qui, ne suivant que son instinct, n'a pas laissé que de la porter à un certain degré de perfection.

Il seroit à souhaiter, peut-être, qu'il y eut une langue de convention entre tous ceux qui cultivent les sciences, quels que solent les pays qu'ils habitent. Que de temps n'est-on pas forcé de consacrer aujourd'hui à l'étude des langues étrangères, si l'on veut se mettre en état de lire tous les bons ouvrages, que le génie enfante de toutes parts, et qui, dans le siecle où nous vivons surtout, se succédent avec tant de rapidité chez la plûpart des nations éclairées? Et combien plus de progrès ne feroit-on pas vers la perfection, si, au lieu de cette multitude infinie de mots, dont il faut surcharger sa mémoire, on n'avoit à nourrir son esprit que des choses mêmes?

Cependant, on auroit tort de croire, que l'adoption d'une langue universelle de communication fut sans inconvéniens. Les Savans y gagneroient, j'en conviens: mais ce qu'on appelle *peuple* y perdroit beaucoup, si je ne me trompe, puisqu'il n'auroit plus, à beaucoup près, les mêmes secours pour s'instruire. Les lumières augmenteroient de masse, si j'ose m'exprimer ainsi: mais elles seroient trop concentrées, pour se répandre aisément sur tout le corps social, et lui faire éprouver leur douce influence.

J'ajoute, que la langue nationale, *abandonée* alors au *vulgaire*, ainsi que l'observe Leibnitz, ne se perfectionneroit qu'avec le plus extrême lenteur; et qu'elle contracteroit infailliblement des vices sans nombre, et que le temps, les habitudes, les préjugés rendroient indestructibles.

Le peuple commence toujours par établir sa langue: mais il n'appartient qu'au philosophe de la former, de l'épurer et de la fixer. L'un rassemble les pierres brutes de l'édifice: l'autre les faille, les polit, les arrange. Celui-là, dans ses créations, n'a pour guide que son instinct, ne se dirige que par le besoin; il prend, au hazard et sans choix, tout ce qui se trouve à sa convenance: il ne fait donc presque jamais que des mêlanges bizarres ou discordans. Celui-ci, au contraire, choisit avec discernement, dispose avec méthode, assortit avec goût et régularité; et si ses productions ne portent pas toujours l'empreinte du génie, elles réunissent toujours assez d'agrémens pour intéresser.

La vérité de cette observation est frappante, quand on prend la peine de comparer une langue, qui n'est parlée que par le peuple, auquel elle doit l'existence, et une langue, que les mains de la philosophie ont long-temps travaillée, et dans laquelle ont produit leurs chefs-d'œuvres les plus beaux génies de la nation.

La première est libre et rapide, mais très souvent agreste et licentieuse; forte et énergique, mais plus communément dure et barbare; concise et sonore, mais trop circonscrite et sans harmonie: tandis que la seconde, en conservant ses premiers traits ou les caractères essentiels de son origine, se montre avec toute la décence, toutes les graces, toute l'aménité, qui peuvent faire oublier ses défauts naturels et la rendre aimable.

J'ignore quelle a été, du vivant de Leibnitz, la langue allemande, et jusqu'à quel point elle s'est ensuite perfectionnée. Mais, autant qu'il peut m'être permis d'en juger, il n'existe pas moins de différence entre les bons écrivains que l'allemagne possède aujourd'hui, et ceux qu'elle avoit au commencement de ce Siecle, qu'il n'y en a, en France, entre les excellens auteurs du siecle de Louis XIV, et ceux qui s'étoient illustrés avant cette grande Epoque et depuis le regne de François I. Il est très vraisemblable même, que les allemands de nos jours diffèrent encore plus de leurs prédécesseurs, si, comme le dit Leibnitz, les gens de lettres de son temps, sacrifiant leur langue maternelle à une langue morte, *abandonnoient au peuple* le soin de la porter à sa perfection; ce que ne pouvoit faire son seul *instinct*, et qu'on ne doit jamais attendre que de la plus saine raison, de la plus exacte philosophie et du goût le plus épuré.

Je suis persuadé qu'il n'y a aucune langue au monde plus abondante que l'allemande en termes justes et énergiques, pour énoncer les différens métaux et les diverses productions des mines; on peut également le dire des différens genres de vie et de professions, comme la chasse, la vie pastorale, la navigation.

Toute l'Europe rend la même justice aux allemands. Ils ont, par rapport à l'exploitation des *mines*, une supériorité décidée sur tous les autres peuples; et leurs ouvrages sur cette source intarissable de richesses et de prospérité, sont autant estimés que recherchés partout: il n'y a guères que les Suédois, qui leur disputent la prééminence: c'est qu'il est peu de régions, aussi fécondes en minéraux; et, en ce genre comme en tout autre, c'est toujours la nature, ou plutôt le besoin, qui guide les hommes, et qui détermine leurs inclinations et leurs goûts.

Les mêmes facilités ont fait d'eux des *chasseurs* adroits, des *pasteurs* vigilans et industrieux, et d'habiles *navigateurs.* Ils doivent ces avantages à l'immensité des forêts, qui couvroient autrefois la Germanie, et qui sont encore très nombreuses, malgré les progrès qu'y fait tous les jours l'agriculture depuis la fin du siecle dernier: ils les doivent à la multitude de grands fleuves et de rivières, qu'on rencontre si fréquemment dans ce vaste et riche pays, et qui, en étendant au loin son commerce, en fertilisant ses campagnes, en produisant, de tous côtés, et dans tout leur cours, de gras paturages, invitent ses heureux habitans à la *vie pastorale* et à la *navigation*: ils les doivent enfin à cette admirable simplicité de mœurs, dont Tacite nous fait une description si touchante, et qui n'a jamais cessé de les caractériser; mais qu'un luxe destructeur, ennemi de toutes vertus, quoique si séduisant par son faux éclat, fera malheureusement bientôt disparoitre du milieu d'eux, si leurs gouvernemens ne se hâtent d'opposer les plus fortes digues à ce torrent, qui déjà porte dans leurs villes et jusques ans leurs campagnes tous les genres de corruptions et de vices.

On sent l'imperfection de notre langue dans les choses, qui, n'étant pas du ressort immédiat des sens, ne peuvent être bien saisies qu'à force de méditation et de réflexion.

C'est convenir, en d'autres termes, que les allemands, comme philosophes, cèdent le pas à beaucoup d'autres peuples, et que la métaphysique, tout ce qui tient aux abstractions de l'esprit, les principes généraux et particuliers des sciences et des arts, exigent encore de leur part les plus grands efforts.

Ils en ont beaucoup faits depuis Leibnitz; et l'on peut espérer qu'ils iront un jour tout aussi loin que leurs rivaux, puisqu'avec cette application, ce phlegme, cette persévérance dans le travail qui les distinguent, on est capable de tout approfondir et de tout généraliser.

Mais il leur reste de bien grands obstacles à surmonter, pour devenir tout ce qu'ils peuvent être; et comme mon but est de les servir, et non de les flatter (ce qui n'appartient qu'à un lâche), je prendrai la liberté de soumettre à leurs réflexions les observations suivantes, qu'un séjour de 20 ans parmi eux m'à mis à portée de faire, et qu'on trouvera, peut-être, aussi justes qu'impartiales.

I°. L'éducation des jeunes allemands n'a été rien moins que philosophique jusqu'à présent. On leur fait apprendre une infinité de détails sur tous les objets de nos connoissances: mais on ne les occupe que bien foiblement des principes essentiels et fondamentaux, qui constituent la science, et qui, seuls, nourrissent l'esprit, fécondent le génie, embrasent l'imagination et la retiennent dans ses écarts. On les applique à l'étude des arts: mais on ne les accoutume guères à se familiariser qu'avec ce qu'ils ont de sensible et de méchanique, ou d'utile dans la pratique. On finit, enfin, par leur donner une profession: mais on ne songe pas assez à former en eux ce discernement exact, ce tact fin et délicat, ce coup-d'œil philosophique, surtout, à qui rien n'échappe, qui démêle, en toutes choses, le bon du mauvais, le médiocre de l'excellent, et sans lequel, incapable de juger de ce qui peut être par ce qui est, on n'est jamais qu'un imitateur rampant et servile; on ne s'élève jamais au rang d'inventeur.

Je ne parle qu'en général; car, il y auroit autant d'injustice que d'absurdité de ma part, à ne pas reconnoitre, qu'il est beaucoup d'allemands très profonds dans la métaphysique des sciences, et, dans leurs écoles, beaucoup de professeurs du mérite les plus distingué: mais la conviction que j'en ai, ne m'empêche pas de dire hautement, parceque je le pense, que l'éducation nationale tend bien plus à meubler la mémoire, qu'à développer les facultés de l'esprit; à apprendre les langues, soit mortes, soit vivantes, par l'usage et par la pratique, qu'à en bien saisir le génie, le caractère et les principes; à lire et à retenir les plus beaux morceaux d'histoire, d'éloquence et de poésie, des écrivains célèbres de l'antiquité et des temps modernes, qu'à les juger d'après les règles particulières de chaque genre et les loix éternelles et immuables du goût.

Je sais bien, qu'on peut faire encore, avec plus ou moins de fondement, le même reproche à tous les peuples: mais je voudrois qu'en Allemagne on se pénétrât bien plus fortement de la nécessité de former l'esprit et le jugement des enfans par une étude exacte et suivie des vrais principes.

Qu'on examine soigneusement ceux-même, qui sont les plus instruits, au moment où ils sortent de leurs collèges ou d'entre les mains de leurs précepteurs: ils ont vu beaucoup d'auteurs, expliqué un grand nombre d'ouvrages, grecs et latins, retenu une multitude d'excellens passages; et rarement ils sont en état de les rapprocher des loix émanées de la philosophie et épurées par la critique: une sorte d'instinct leur fait appercevoir les beautés ou les défauts des auteurs classiques qu'ils ont parcourus; et presque jamais, ils ne sont assez exercés dans la théorie, pour pouvoir remonter, sans peine, jusqu'à la source de ces beautés ou de ces défauts, qui les ont frappés, en les gravant dans leur mémoire.

Or, l'essentiel n'est pas, en quelque genre que ce puisse être, de savoir beaucoup de détails; mais d'être assez versé dans la métaphysique des arts et des sciences, pour être capable de tout discuter avec méthode, de tout apprécier avec justesse, d'assigner à tout le rang et la place qui lui conviennent.

II°. Les gouvernemens des différens Etats de l'Allemagne n'ayant jamais beaucoup encouragé le génie national, les beaux arts et la littérature ont été long-temps fort peu cultivés. Leur conduite, à cet égard, a plus ou moins changé depuis quelques années; et notre auguste monarque est, de tous les princes qui composent le corps germanique, celui qui s'est le plus empressé de donner l'exemple. On peut attendre les meilleurs effets du nouveau système qu'on paroit avoir assez généralement adopté.

Mais les allemands (je le dis sans détour, parce que je les estime trop pour ne pas leur dire la vérité) ont un défaut, qui ne peut que les retarder au milieu de leur carriere: C'est que, dans tous les genres d'agrémens, et dont le succès dépend du brillant de l'imagination et de la pureté du goût, ils se sont trop tôt persuadé qu'ils avoient atteint à la perfection: ils dépriment avec affectation les écrivains illustres des autres nations, et surtout, les François; tandis qu'ils se prodiguent à eux-mêmes les louanges les plus emphatiques.

On me faisoit lire, il n'y a pas long-temps, dans je ne sais quel journal, un parallèle de M. Lessing et de M. de Voltaire. L'auteur s'étonnoit, que ses compatriotes ne rendissent pas à la mémoire du premier, les mêmes honneurs, que les François venoient de rendre à celle du second; et après avoir épuisé tous les traits de comparaison entre ces deux écrivains, le journaliste finissoit par ces mots remarquables; *car, après tout, Voltaire n'étoit que Voltaire.*

Ce n'est pas-là du patriotisme; ou, si l'on veut lui donner ce nom, du moins, est-il bien certain que c'est une sorte de patriotisme, qu'on ne peut approuver, puisqu'elle est contraire à l'avancement de la nation et à ses intérêts.

L'attachement et la reconnoissance que je dois aux allemands me font desirer, qu'ils se dépouillent enfin de cette partialité d'habitude, et d'irréflexion, qui les rend quelquefois injustes envers le étrangers. Ils sont trop éclairés pour ne pas savoir, qu'un grand homme n'appartient pas uniquement au sol qui l'a vu naitre; mais qu'il est le concitoyen et l'ami de tous les Etres pensans de ce globe, puisque les productions de son génie sont destinées à répandre la lumière et la vérité sur toute la terre.

D'ailleurs, chaque pays a ses propriétés, ses avantages particuliers; et comme les circonstances locales ne manquent jamais de développer les talens dans les choses, sur lesquelles elles exercent leur influence immédiate, peut-être n'existe-t'-il en Europe aucune contrée assez barbare, pour n'avoir pas quelques modèles à offrir aux autres nations.

On n'a donc jamais aucun motif raisonnable, pour s'estimer d'une manière exclusive, pour se concentrer en soi-même et pour s'isoler. La sagesse veut, au contraire, qu'on embrasse du même coup-d'œil tout le genre humain; et que, partout où l'on découvre des objets d'instruction et d'imitation, on s'y arrête avec la même complaisance et le même intérêt que sur son sol natal.

3°. Ma derniere observation, relativement aux principaux obstacles, qui s'opposent en allemagne au progrès de la véritable philosophie, n'est peut-être pas moins juste que les précédentes.

Leibnitz et Wolff, au commencement de ce siecle, ont fait faire à leurs compatriotes des pas de géans dans cette carriere: mais l'un étoit trop supérieur à ses contemporains par l'étendue et la sublimité de ses conceptions; et l'autre étoit trop scholastique, trop vétilleux.

On a cependant profité de leurs lumières; et les efforts que faisoient, depuis, tous les bons esprits, principalement dans les Etats dont les gouvernemens n'avoient pas l'absurde maxime de les contrarier, commençoient à produire les plus heureux effets.

Tout-à-coup a paru, en prusse, un homme du plus grand talent sans doute, mais qui malheureusement, en se proposant de déterminer les limites de l'esprit humain, a entrainé après lui ses nombreux admirateurs, non seulement dans les abstractions les plus ténébreuses, mais encore dans toutes les subtilités, dans toutes les distinctions futiles et minutieuses de l'ancienne école, aristotélique et platonicienne.

Je ne puis juger M. Kant que d'après l'exposition que Mrs. Selle[20] et Schwab[21] nous ont donnée de son système. Mais, sans nier que sa manière de philosopher n'ait son utilité, je ne regrette pas moins qu'un homme de ce mérite ait employé toute la force de son génie à creuser des sujets, qui ne serviront jamais à répandre de grandes lumières, tandis qu'il reste encore tant de riches moissons à recueillir dans les vastes champs de la philosophie.

Combien de choses intéressantes à développer sur notre entendement, ses facultés, ses opérations, et la manière de les exercer? combien de principes à établir ou à confirmer dans toutes le sciences, dans tous les arts? combien de règles à fixer sur le goût et l'imitation?

Autrefois, en France, on ne se croyoit philosophe, qu'autant qu'on s'étoit mis en état de disserter bien scientifiquement sur les cathégories d'Aristote, que le parlement honoroit, tantôt, comme le plus grave docteur de l'Église, et proscrivoit, tantôt, comme un hérésiarque. Mais on a vu, enfin, quoiqu'un peu tard, qu'il y avoit des matières philosophiques d'un tout autre intérêt; et l'on a cessé de s'occuper de cathégories.

J'espère que les allemands ne tarderont pas à penser de même.

Nous manquons de termes pour exprimer les mouvemens de l'ame, de certains crimes, et plusieurs qualités de l'ame, dont l'usage se présente souvent en morale et en politique; et dans les connoissances encore plus abstraites et plus sublimes, ce défaut devient plus sensible.

C'est, en réfléchissant à de semblables assertions, qu'on conçoit l'énorme distance, qui sépare les allemands de nos jours, de ceux du siecle passé et du commencement même du nôtre. On compte aujourd'hui, dans les principales villes de l'empire germanique, un assez grand nombre de bons orateurs, d'excellens moralistes, d'habiles et profonds publicistes; et les hautes sciences nous y offrent encore plus d'auteurs de réputation. Combien la langue allemande n'a-t'-elle donc pas dû s'enrichir depuis Leibnitz? et quel puissant motif d'encouragement pour ceux, qui aspirent à la perfectionner?

Ce n'est pas la capacité, mais une volonté efficace qui a manqué jusqu'à ce jour aux allemands, de polir leur langue. Si tout ce que le peuple exécute, y est bien rendu et exprimé, peut-on mettre en doute, que la partie de la nation la mieux instruite et particulierement les Savans, ne réussissent à bien rendre en allemand leurs pensées et leurs productions?

Il faudroit être bien injuste, ou bien ignorant, pour refuser aux peuples de l'allemagne les mêmes facultés, que tous les autres ont reçues de la nature; et le mot si connu, du pere Bouhours, et qui révolte tant encore les allemands, n'a jamais été interprêté comme il devroit l'être. Ce jesuite ne prétendoit faire assurément qu'une plaisanterie très innocente, en indiquant la différence que l'usage ou la privation du bon vin peut mettre entre les hommes; ou il auroit dit une absurdité dégoutante et peu digne d'être relevée.

Les talens sont de tous les pays, comme de tous les temps. Le climat a bien quelque influence sur les esprits: mais ce qui les fait différer essentiellement les uns des autres, selon les pays qu'ils habitent, c'est l'éducation; c'est la nature des circonstances locales; c'est surtout le gouvernement.

Montesquieu[22] subordonne presque tout au climat; et Helvétius[23], à l'éducation, aux causes morales. Ces deux opinions sont exagérées. Il est incontestable, que nos facultés actives, nos dispositions habituelles dépendent, en grande partie, de l'athmosphere qui nous environne, du genre de boisson et de nourriture que nous prenons, en un mot, de toute notre manière d'être physique: mais supposons néanmoins, que tous les États de l'Europe et de l'Univers suivissent les mêmes principes d'administration;

que la jeunesse y fut instruite et élevée avec la plus parfaite uniformité; que les arts, l'industrie, le commerce, y fussent partout également florissans: dans cette hypothèse, les peuples du nord se rapprocheroient très certainement, en tous points, de ceux du midi.

Les allemands ont eu de grands hommes dans tous les siecles; et, quel que soit leur sol, ou l'air qu'ils respirent, ils ne cesseront jamais d'en produire, tant que leurs gouvernemens seconderont leurs efforts de tout leur pouvoir; et c'est-là qu'il faut remonter pour les juger équitablement. Ils ont toujours eu des savans et des érudits, parcequ'il ne faut pour cela que du génie, du travail et de la constance. Les beaux arts et la belle littérature n'y font, pour ainsi dire, que de naître, parceque leur culture tient à des causes étrangères et qui n'ont aucun rapport avec leurs qualités personnelles. Leur langue elle-même n'a pas atteint encore à toute la perfection dont elle est susceptible, parceque leurs gens de lettres, suivant Leibnitz, ne s'en sont pas assez occupés jusqu'à ce moment. Leurs gouvernemens n'ont donc qu'à vouloir; et leur génie se développera bientôt en tout genre.

Notre langue n'exprime que des choses réelles, et répugne même à donner de nom aux chimeres: ignorat inepta.

Les *choses réelles* sont, à peu près, toutes dénommées dans les différentes langues des peuples civilisés; j'ai déjà fait voir, que c'est toujours par des expressions semblables, qu'ils commencent à jetter les fondemens de leurs langues, puisque les connoissances, que nous recevons directement et immédiatement de nos sens, sont toujours en nous les premières.

Mais, lorsque, chez un peuple, le luxe a corrompu les mœurs; que la fréquentation et la familiarité des deux sexes, ont introduit le goût de la frivolité, des modes, de la parure; que la galanterie est devenue l'instrument de la séduction des femmes; qu'enfin les hommes sont obligés, pour leur plaire, de leur dire des riens, de les amuser de colifichets et de bagatelles, de ne leur faire entendre que des fadeurs: il se forme, dès-lors, une jargon puérile ou efféminé, qui énerve, dégrade, avilit la langue nationale, et qui, par des degrés insensibles, parvient à la faire décheoir de sa noblesse, de sa dignité originaire, et, tôt ou tard, à la rendre méconnoissable.

Puissent les allemands conserver long-temps leurs usages, leurs habitudes, leurs mœurs antiques; ou plutôt, ne jamais cesser de dire de leur langue, avec le grand Leibnitz: *ignorat inepta!*

Notre langue n'admet aucun terme vuide de sens. Elle exclut absolument tous les mots, exprimant des idées qui n'ont aucun objet.

N'admettre aucun terme vuide de sens, n'est pas un caractère distinctif de la langue allemande; c'est celui de toutes les langues que nous connoissons; car, partout, un terme, *vuide de sens*, ou qui n'a pas de valeur, n'est pas un mot; mais un simple assemblage de lettres ou signes alphabétiques, formé par le caprice ou par le hazard.

La valeur d'un mot consiste à réveiller l'idée de la chose qui l'a fait naître; et toute langue exclut, avec la même sévérité, toute prétendue expression, qui, dans l'esprit de tout Être raisonnable qui peut l'entendre, ne rappelle pas l'idée de quelque objet.

Quant aux *mots, exprimant des idées qui n'ont aucun objet*, j'avoue que je ne les conçois pas. En existe-t'-il de pareils? Y a-t'-il des idées, sans objet quelconque, ou physique ou moral? Non, assurément. Une idée qui ne seroit l'image de rien, ne seroit pas une idée; de même qu'un mot, qui ne seroit le signe d'aucune idée, ne seroit pas un mot.

Ce n'est pas dans une langue qu'on doit s'ériger en puritain, et par une crainte superstitieuse fuir, comme un péché mortel, tout terme étranger, mais commode, s'énerver soi-même, et ôter toute l'énergie à son discours.

Deux questions, également intéressantes, se présentent naturellement. Peut-on assigner les bornes, dans lesquelles doit se renfermer le purisme? Et est-il toujours permis d'adopter des mots étrangers?

I°. Un peu de réflexion suffit pour sentir, que, si le langage doit toujours être pur, il ne faut pas cependant porter la délicatesse jusqu'au scrupule: rien n'est agréable sans liberté; et la contrainte flétrit la beauté même. Il est donc bien des cas, où, quand la langue ne se prête pas assez à l'expression, on doit, sans balancer, se permettre quelque licence; rajeunir, par exemple, de vieux mots, emprunter d'une langue étrangère ceux qui peuvent rendre la pensée avec plus d'énergie ou de précision; s'affranchir même des loix grammaticales, s'il est impossible autrement de conserver, dans la diction, toute la chaleur du sentiment, ou toute la vivacité et tout l'éclat de l'imagination.

Les François ont méconnu ces grands principes; et l'on est fondé à leur reprocher deux excès également condamnables, et qui ne se sont pas moins opposés, l'un que l'autre, pendant long-temps, au perfectionnement de leur langue.

Lorsqu'ils entreprirent de la former, ils commencerent par proscrire leur latin demi-barbare de leurs actes publics; ce premier pas étoit indispensable: mais en étendant l'empire de la langue vulgaire, ils ne mirent aucun choix dans leurs expressions; le goût leur manquoit: ils n'étoient pas encore en état de sentir le grossiéreté, l'indécence même, qui regnoit dans leurs discours. Ils ne se faisoient pas d'idée de la *pudeur des mots* ni de *l'honnêteté des images.* La cour parloit l'italien ou l'espagnol: les Savans se déterminoient avec peine à abandonner le latin et le grec, qui, seuls, leur offroient de parfaits modèles à imiter: et le petit nombre d'écrivains, qui donnoit la préférence à la langue nationale, ne recherchoit en rien la délicatesse, l'élégance, la pureté: il ne pouvoit aspirer qu'à se faire lire du peuple; et ce peuple n'avoit aucun sentiment du vrai Beau.

A cette premiere Epoque, la langue françoise se montre donc avec toute l'aspérité, toute la rudesse, toute la rusticité celtique ou gauloise; et ses défauts ne sont point rachettés, à beaucoup près, par son admirable naïveté.

Le siecle de Louis XIV, ce siecle de lumières autant que de magnificence et de faste, opéra une révolution générale dans les esprits; et sous la plume des écrivains célèbres qu'il vit naître, la langue acquit de la correction, de la pureté, de l'élégance, de la force, de l'harmonie, de la pompe et de la grandeur.

Mais, au lieu de travailler à l'enrichir de toutes les expressions qui lui manquoient encore, et de lui conserver au moins toutes celles, qui, sans déroger à la noblesse et à la dignité qu'on avoit su lui donner, pouvoient continuer d'y figurer avec avantage, on crut la perfectionner par la proscription de tous mots, qui, par la nature des sons, blessoient les oreilles, ou l'imagination et le sentiment, par la petitesse de leur objet.

Bientôt, les beaux esprits remplacerent les hommes de génie; et ne se sentant pas la force, comme ceux-ci de s'élever au grand, ils chercherent à se distinguer par leur délicatesse. Mais, à force de raffinement, ils appauvrirent insensiblement cette langue, d'ailleurs si admirable par l'ordre, la netteté, la clarté, qui la caractérisent.

Le Dictionnaire de l'Académie françoise est encore aujourd'hui la preuve incontestable de cette pauvreté, que tous les peuples de l'Europe s'accordent à lui reprocher. Tout le monde connoit la lettre fameuse, que l'illustre auteur de Thélémaque[24] écrivit sur ce sujet à l'Académie françoise, dont il étoit membre et l'un des plus grands ornemens. Il exhorta très fortement ses confrères à donner beaucoup plus d'extension à cet ouvrage, en rendant à la langue une foule de mots, qu'un faux goût en avoit bannis, et que néanmoins le besoin réclamoit impérieusement.

Le temps de cette utile réformation n'étoit pas arrivé; et malgré les pressantes invitations des Fénélon, des Rousseau, des Voltaire, de tous les gens de lettres vraiment philosophes, la langue est restée dans la même indigence jusqu'à ces dernières années.

La révolution, en changeant la face entière de la France, a enfanté une multitude d'idées nouvelles, et, par conséquent, fait chercher les mots nécessaires pour les bien rendre. Les bons esprits ont franchi tout d'un coup les barrières, qu'une vaine délicatesse avoit élevées; et la langue, devenant plus franche, plus libre, plus hardie, s'enrichit tous les jours d'une infinité d'expressions, jusqu'à présent inusitées, ou viellies, ou de nouvelle création.

II°. Quant aux emprunts des mots qu'on n'a pas, il y a long-temps que la légitimité en est établie. Horace nous dit dans sa poétique:

licuit, semperque licebit
signatum praesente nota producere nomen.

Mais il faut observer quelle est la condition essentielle, que prescrit ici ce sage législateur de la poésie latine: il veut, que les mots, qu'on fait passer, soit d'une langue morte, soit d'une langue vivante, dans la sienne propre, soient marqués au coin de l'usage regnant, *signatum praesente nota.*

Les anglois n'ont jamais pû se plier à cette règle. Ils ont pris, dans les langues de tous leurs voisins, les termes dont ils étoient privés; et ils ne les ont altérés en rien, si ce n'est dans la manière de les prononcer. Aussi, parmi les langues modernes de l'Europe, la leur est celle, dont la formation nous présente peut-être le moins d'uniformité. C'est un édifice, bizarre et monstrueux, qui paroit avoir été fait sans plan, auquel le hazard a eu bien plus de part que la réflexion, et dont toutes les parties sont disparates.

Les allemands, grands admirateurs, mais, bien souvent, trop fideles imitateurs des anglois, sont tombés dans le même défaut. Les mots qu'ils ont empruntés des latins, par exemple, sont si peu changés, qu'un étranger, qui les entend parler pour la première fois, se croit presque transporté dans l'ancienne Rome; et ces sortes de mots font, surtout, un effet singulier dans la bouche des femmes.

Les François, à cet égard, se sont conduits bien plus sagement; et quoique les deux tiers de leurs mots soient aussi pris du latin, ils ont eu l'attention de les adapter au génie de leur langue et à leurs usages. On reconnoit l'origine de ces termes d'emprunt: mais on n'en trouve aucun, dont la terminaison ne s'accorde avec celle des mots indigènes.

La société italienne de la Crusca a manqué son but en bien des choses, pour avoir voulu porter trop de scrupule dans la séparation des bons termes d'avec ceux qu'elle a estimé mauvais. Dans le crible, le son et la farine sont également quelque chose; et cette Académie, dans la dernière édition de son dictionnaire, a dû y faire entrer, par la porte secrete, bien des mots proscrits auparavant.

L'observation de Leibnitz sur cette Académie n'est malheureusement que trop applicable à la plupart des sociétés littéraires des autres nations, où le nombre des beaux-esprits l'emporte, presque toujours, sur celui des hommes de génie et des vrais philosophes.

J'ai déjà fait voir que l'Académie françoise elle-même en est un exemple, et que, dans la composition de son dictionnaire, elle ne s'est pas autrement conduite que celle de la Crusca. Eh! combien d'autres ne pourrois-je pas citer encore?

C'est, en effet, un défaut assez général parmi les académiciens de tous les pays, de vouloir briller, très-souvent même, en dépit du sujet et du genre, et de s'attacher beaucoup plus à l'éclat, à la beauté de l'élocution, qu'à la vérité, à la justesse, à la solidité des pensées; et cela est si universellement reconnu, que, par *style académique*, on entend communément, et partout, ce style orné, sententieux, épigrammatique, qui ne peut être propre qu'à couvrir de fleurs la futilité de la matière.

Or, de pareils hommes, asservis par leurs préjugés et par leurs habitudes, s'ils sont appelés à recueillir les mots de leur langue, doivent être naturellement très-enclins à n'envisager commes *bons*, que ceux qui leur sont devenus les plus familiers, et à écarter tous les autres, sinon comme *mauvais*, du moins, comme ignobles et surannés.

Tel est le reproche, que fait Leibnitz aux académiciens de la Crusca, et qu'il pouvoit étendre à ceux de l'Académie françoise. Mais il faut espérer, que les nôtres, en exécutant une semblable entreprise, ne se laisseront pas séduire par les mêmes erreurs, et qu'ils adopteront de meilleurs principes.

Il en est un surtout, qui seul suffiroit pour guider sûrement dans ce genre de travail; et la plus foible intelligence doit en saisir, du premier coup-d'œil, toute la justesse.

Qu' est-ce que le vocabulaire d'une langue? C'est le recueil alphabétique de tous les mots, qui, dans cette langue, peuvent servir à représenter quelque objet ou quelque idée.

Il est donc absurde de distinguer entre *bons* et *mauvais* termes, et d'embrasser les premiers exclusivement: car il n'en est aucun, quelle qu'en soit la nature, qui ne soit admissible comme *très-bon*, s'il réveille toujours et complettement l'idée de l'objet dont il est le signe; et cette comparaison de Leibnitz, *dans le crible, le son et la farine sont également quelque chose*, quoique fort triviale, est d'un très-grand sens.

Il faut des expressions pour tous les genres d'écrire, soit en vers, soit en prose; pour les sciences, la littérature, les arts; pour tous les styles et pour tous les sujets: il en faut pour l'esprit, pour le cœur, pour l'imagination.

Il en faut d'analogues à toutes les conditions, à tous les caracteres à toutes les passions, à toutes les habitudes, à tous les usages, à tous les besoins de la vie humaine et de la société.

J'ajouté, que les mots qu'on appelle *vieux*, c'est-à-dire, qu'a proscrits l'usage, lui, qui, selon Horace, est l'arbitre, la règle, le législateur suprême en cette matiere,

Quem penes arbitrium est et jus et norma loquendi,

ne doivent pas même être négligés par les lexicographes. Dans combien de cas ne peut-on pas les employer avec avantage? n'ont-ils pas bien souvent plus de grâce même, que les termes nouveaux qui les ont remplacés?

On n'a qu'à ouvrir La Fontaine[25], pour s'en convaincre. Ce poëte inimitable est, parmi nos modernes, celui, qui en ce genre a montré le plus de sagacité, d'habileté, de génie: il rajeunit avec tant d'art tous les vieux mots qu'il trouve sous sa plume, et il les place si à propos, que les hommes du goût le plus difficile les accueillent toujours avec transport.

Aussi, jamais personne ne se nourrit-il, autant que lui, de la lecture de nos vieux romanciers; et c'est-là, bien plus que dans le dictionnaire de l'Académie, qu'il apprit à connoître l'emploi et à sentir l'effet d'une foule d'expressions, dédaignées ou ignorées de la plupart des beaux-esprits de son temps.

C'est que cette société (celle de la Crusca) *avoit d'abord voulu soumettre toute l'Italie aux lois de la Toscane, et prescrire des bornes trop étroites aux savans mêmes. Un florentin, et un des principaux membres de cette société, m'a avoué, qu'il avoit été infecté de cette superstition toscane, mais qu'il s'en étoit délivré.*

Leibnitz ne cite cet exemple d'une Académie étrangère, que pour prouver à celles de son pays, qui, comme celle-là, ambitionneront la gloire de perfectionner leur langue et d'en déterminer exactement tous les mots:

Que, quelque imposante que soit par elle-même l'autorité d'une société de savans et de littérateurs, elle ne l'est cependant pas assez, pour faire adopter, dans les différentes contrées et provinces d'un vaste empire, toutes les expressions dont elle a fait choix, et pour faire rejetter toutes celles qu'elle a marquées de son improbation; les unes, parceque l'usage les a consacrées dans les lieux où elle est établie, et les autres, parcequ'elles y sont proscrites, ou inusitées et ignorées.

Le despotisme même est sans force en cette matière. Il peut enchaîner ses esclaves: il ne parviendra jamais à donner le *droit de bourgeoisie* à un mot, que reprouve l'opinion générale. J'assimilerois volontiers le langage à la foi, qu'on répand quelquefois par la persuasion et par l'exemple, mais dont on ne fait qu'affoiblir et détruire l'empire par les édits et par la rigueur.

Deux faits contraires viennent également à l'appui de mes assertions.

Voltaire, partant du principe que l'orthographe doit correspondre parfaitement avec la prononciation, (ce qui seroit très-bon, sans doute, mais ce qui n'a jamais existé, ni n'existera peut-être jamais dans aucune langue) s'est efforcé, toute sa vie, de faire adopter sa manière d'écrire beaucoup de mots, où l'usage a toujours fait entrer de certaines lettres, qu'on supprime à la prononciation, ou qu'on fait sonner tout autrement que suivant leur valeur primitive. Il n'a été suivi que par un petit nombre de ses enthousiastes. Les gens sensés ont persisté à conserver dans les mots les lettres étymologiques, quoique bien souvent superflues, parce qu'elles sont l'indice et la preuve de leur origine: ils ont craint, et avec raison, d'altérer la typographie reçue, et depuis long-temps dominante; et l'autorité de cet homme célèbre n'a guères opéré jusqu'ici que de très-légers changemens.

Rousseau, au contraire, sans dogmatiser, sans prétendre s'ériger en réformateur, a toujours consulté le besoin, et le besoin seul, dans sa manière de s'énoncer; et toutes les fois que sa langue ne lui fournissoit pas d'expression, capable de rendre sa pensée avec la clarté, la précision et l'énergie convenable, il ne balançoit pas à en créer une toute nouvelle. On l'a d'abord censuré très-amerement; on l'a taxé du néologisme le plus outré: mais, peu-à-peu, on s'est apperçu, qu'au lieu d'avoir dégradé sa langue, il l'avoit enrichie, embellie, perfectionnée: et non seulement les mots de sa création sont aujourd'hui admis par tous les François; mais on se fait une sorte de mérite et de gloire d'imiter toute la franchise et toute la hardiesse de son caractère.

C'est ainsi que s'introduisent, que s'établissent les mots nouveaux. Inutilement, une Académie porte ses décisions: elles sont impuissantes et nulles, si le public s'obstine à ne pas les ratifier: inutilement, on prononce, que telle autre expression provinciale ou étrangère est mauvaise, et que telle autre lui est préférable, si le plus grand nombre des savans, des hommes instruits, en juge autrement: Inutilement, enfin, elle fait entrer dans un dictionnaire *par la porte secrete*, selon l'expression de Leibnitz, *les mots proscrits auparavant*, si l'opinion générale ou l'usage continue de les repousser.

L'autorité et l'adresse ne feront jamais ici, que des tentatives infructueuses. C'est le besoin qui crée les mots: et c'est le besoin seul, qui les met en vogue, et qui les maintient, en dépit de toutes les réclamations.

Mais il faut, en ce point comme en beaucoup d'autres, user d'une extrême circonspection, et, principalement, se tenir en garde contre cette *superstition toscane* dont parle Leibnitz.

Qu'importe, par exemple, qu'un mot soit brandebourgeois, saxon, westphalien, franconien? ce n'est pas le lieu d'où il sort, qui fait sa valeur et son prix. Il est digne d'être universellement adopté, s'il est nécessaire, s'il représente bien l'objet auquel on l'applique, et si, d'ailleurs, conforme au génie particulier de la langue, il n'a rien qui blesse le goût et l'oreille des gens délicats et polis.

Il n'est pas moins certain, que des membres de quelques Académies allemandes, pour vouloir trop aller en avant dans cette matière, se sont fait des adversaires sans nécessité: ils ont pensé tout redresser d'un seul coup, sans faire attention que cette entreprise est impraticable, quand les vices sont invétérés.

Rien de si vrai, ni de si juste que cette observation: elle est fondée sur la connoissance du cœur humain; et quoique tout mal réel exige une réforme, on ne doit, ni se presser trop de la faire, ni la pousser trop loin, avant que les esprits y soient préparés. Combien n'est-il pas dangereux de heurter de front tous les préjugés? Et combien l'empire des habitudes n'est-il pas quelquefois irrésistible?

Partout, les hommes à routine sont intraitables: on ne compose guères avec eux: et dans les sciences, comme dans les arts, il est infiniment plus de ces hommes-là que des bons esprits. Or, à leurs yeux tout ce qui est nouveau ne vaut rien, ou du moins, doit être suspect; et ce qui s'est toujours fait doit toujours se faire; telle est leur logique.

Ainsi, les vieillards, en général, répugnent à toutes les sortes d'innovations; et il est bien rare, qu'elles n'éprouvent pas les plus fortes oppositions de leur part, ou qu'elles leur plaisent, s'ils ne réussissent point à les empêcher.

La jeunesse seule réforme: mais, pour l'ordinaire, elle s'expose témérairement à tout bouleverser, en voulant tout changer; et elle ne combine pas assez ses moyens de succès avec les obstacles qu'elle a à vaincre.

C'est-là, cependant, ce que la prudence nous prescrit en tout genre; et, en matière de langage, plus qu'en toute autre, il faut donner aux sages le temps de se faire entendre de la multitude, et ne pas détruire, par la précipitation, l'effet de leurs représentations ou de leurs censures.

Combien de fois n'a-t-on pas dit aux Allemands: »abandonnez vos caractères gothiques, qui ne ressemblent pas mal aux hiéroglyphes de l'ancienne Egypte; et sur ce point, imitez les françois, vos voisins, qui les avoient aussi comme vous, et qui s'en sont défaits? Ces caractères sont d'un très-mauvais goût, et indignes d'une nation polie et civilisée: ils sont peu distincts, et fatiguent la vue: ils sont trop figurés et trop maniérés. Le vrai beau, dans les arts, est simple comme la nature; et ce qui est chargé, compliqué et confus, ne peut plaire qu'aux hommes d'un goût dépravé«.

Toutes ces observations, tous ces argumens ne faisoient qu'une foible impression sur eux: c'est, qu'habitués depuis très-long-temps à ces caractères, ils ne leur trouvoient pas les mêmes défauts que les autres peuples; c'est qu'ils les regardoient, en quelque sorte, comme une propriété de leur langue: c'est qu'ils croyoient l'honneur national intéressé à les conserver.

A la longue, leurs préjugés se sont dissipés: les heureux essais de quelques-uns de leurs écrivains, qui se sont décidés en faveur de la typographie étrangère, les ont accoutumés, par degrés, à d'autres caractères que les leurs propres: et ce n'est peut-être que maintenant, qu'on peut se flatter d'amener la nation entière à une uniformité aussi désirable.

L'état des choses a empiré de nos jours: on ne met plus de bornes au mélange. Le prédicateur dans la chaire, l'homme de robe au barreau, et le citoyen, dans tout ce qu'il dit et écrit, ne fait plus que corrompre son langage par un misérable jargon françois; et il y a grande apparence, que, si on n'oppose une digue à ce torrent, la langue allemande aura le même sort en Allemagne, que l'anglois en Angleterre.

La langue françoise est tellement cultivée dans les grandes villes de l'Allemagne, comme Vienne, Dresde, Berlin, Leipsick, Francfort, Manheim, et principalement depuis la trop fameuse époque de la révocation de l'édit de Nantes, qu'il est impossible que la langue allemande ait pû se garantir de toute altération.

Mais cette altération tient à plusieurs causes, qui ont plus ou moins d'influence; et il est essentiel de les développer, pour distinguer celles qu'on pourroit détruire, de celles qui paroissent indestructibles.

I°. On fait apprendre communément à la jeunesse de l'Allemagne les deux langues en même temps.

Je ne nie pas, que cette méthode ne soit très-bonne, et quelle n'ait de grands avantages. La connoissance pratique des langues ne demande que de la mémoire; et cette faculté de l'esprit n'est jamais plus active que dans un âge tendre.

L'homme mûr court après les choses, les idées nouvelles; et les signes de ces choses, de ces idées, quoiqu'inséparables d'elles, ne s'offrent cependant à lui, que comme des accessoires, et sur lesquels son attention ne se porte jamais avec la même vivacité: c'est ainsi qu'on regarde souvent un personnage qui vous intéresse, sans voir seulement l'habit qui le couvre.

Le vieillard, à son tour, manque de ce feu, de cette sensibilité, nécessaires pour prêter aux nouveaux objets qu'il découvre ce degré d'importance, qui pourroit provoquer ses efforts pour s'en inculquer fortement le souvenir; et, par conséquent, les mots destinés à représenter ces objets, ne font que glisser sur son esprit, et n'y laissent jamais des traces assez profondes.

Tout, au contraire, frappe un enfant; tout excite sa curiosité, parce que tout est nouveau pour lui: et son cerveau est une cire molle et flexible, sur laquelle on imprime tout ce qu'on veut.

Mais, en approuvant qu'on applique, de très-bonne heure, la jeunesse allemande à l'étude d'une langue, qui, comme la françoise, est devenue, pour tous les peuples de l'Europe, d'une nécessité presque indispensable, et dont on peut retirer tant de fruit, à cause de l'immense quantité d'excellens ouvrages qu'elle met à portée de lire, je ne puis m'empêcher d'observer, qu'elle entraîne quelques inconvéniens par rapport à la langue nationale.

Je suis convaincu, (et l'expérience ne le démontre que trop), qu'on ne parvient à connoître parfaitement, ou, du moins, à ne parler bien purement, qu'une langue; que, plus on en embrasse, plus on met de confusion et de désordre dans sa manière de s'exprimer; et surtout, que deux langues, aussi différentes que la françoise et l'allemande, puisque l'une est *analogue* et l'autre *transpositive*, se contrariant sans cesse dans leur génie, dans leur syntaxe, dans leur prononciation, ne peuvent que se nuire infiniment l'une à l'autre.

Je sais, qu'on oppose à cela quelques faits extraordinaires; mais je ne crois point, qu'ils infirment ce que j'avance. En les admettant même comme incontestables, et tels qu'ils sont consignés dans l'histoire, ils ne pourroient être classés que dans le très-petit nombre des exceptions aux lois générales.

»Mithridate[26] (dit-on) avoit étudié 21 langues; et il écrivoit et parloit ces différentes langues avec une égale facilité. De nos jours (ajoute-t-on) le chancelier d'Aguesseau[27] est parvenu, dans un âge de maturité, à posséder, avec plusieurs langues mortes, la plupart de celles qu'on parle en Europe; et cette connoissance n'a été pour lui qu'une sorte d'amusement et de jeu«.

Je veux bien supposer, que le premier en savoit assez pour se rendre intelligible: mais je ne me persuaderai jamais, qu'il s'exprimât, dans chacune des langues dont il avoit fait son étude, avec toute la correction et toute la pureté qu'on eut pû désirer.

Quant au second, son but, en cultivant tant de différentes langues, ne fut jamais de les parler ni d'écrire dans aucune d'elles, mais de les entendre toutes assez, pour lire tous les bons auteurs étrangers.

Or, se borner à cela, ce n'est pas tenter l'impossible: c'est circonscrire son ambition dans de justes bornes. Mais aller plus loin, c'est s'exposer à faire le mélange le plus détestable des divers idiomes, dont on a surchargé sa mémoire: c'est courir le risque d'abâtardir, pour ainsi parler, sa langue propre et maternelle: c'est se réduire même à l'impossibilité d'y jamais atteindre à la perfection: et de-là, tous ces gallicismes et tous ces germanismes, qu'on reproche aux François et aux Allemands, à qui les langues des deux nations sont également familières, et qui sont fort éloignés eux-mêmes de s'en douter.

Ainsi, la premiere cause de l'altération de la langue allemande, c'est l'adoption, presque universelle, de la françoise en Allemagne. Elle est fondée sur la nature des choses; et il est impossible d'en prévenir ou d'en empêcher entierement les effets.

II°. La seconde tient à la manière, dont ces deux langues, et, en particulier, la françoise, sont enseignées dans toutes les contrées de l'empire germanique.

Ceux qui y font ce métier, sont ordinairement des hommes dénués de tous principes philosophiques, qui n'ont fait que de très-mauvaises études (si toute-fois ils en ont fait), et qui, par conséquent, ne sont guidés que par une routine aveugle et absurde. On les prend au hazard, parce que c'est toujours le prix qui décide du choix, et non le mérite; on les avilit par le dédain qu'on leur témoigne: et ils s'attirent souvent eux-mêmes cette dégradation par la bassesse de leur conduite, autant que par leur ignorance.

Les maîtres allemands valent un peu mieux, j'en conviens, que les maîtres françois; et cela doit être. Les premiers, étant du pays, et pouvant être appréciés, sont choisis avec plus de soin: on trouve, parmi eux, moins d'aventuriers, moins de mauvais sujets, sous tous les rapports: on peut mieux juger des progrès que font leurs élèves. Mais les seconds, qu'on ne connoît pas, et dont la langue est étrangère, n'ont besoin que d'intrigue, de souplesse et d'effronterie, pour prendre faveur; et souvent, ces prétendus maîtres, qui, dans toutes les villes allemandes, dispensent leur mince savoir à tant de *gros* par heure, n'ont été jusques-là, dans leur pays natal, que des soldats, des laquais ou des perruquiers, dont un peu de jargon, étayé de beaucoup d'impudence, fait aujourd'hui tout le mérite chez l'étranger.

Il seroit injuste de confondre tous les maîtres dans la même cathégorie; et je dois m'en défendre plus que tout autre, puisque les divers emplois qui me sont confiés me mettent dans le cas d'en connoître, qui ne sont pas moins estimables par leurs mœurs que par leur savoir. Mais, à quelques exceptions près, il est bien certain que les *lettrés* de cette classe ne sont guères propres à maintenir la pureté des langues, allemande et françoise, en Allemagne.

Dans les pensions, les colléges, les universités, même les plus célèbres, ils sont très-médiocres; et cela vient de l'extrême modicité de leurs salaires. Les professeurs, en général, y sont encouragés, honorés, bien payés. Les simples maîtres n'y sont regardés que comme des hommes de la condition la plus abjecte, dont, à la rigueur, on pourroit se passer, et qui doivent s'estimer trop heureux de ne pas mourir de faim. Aussi, n'y a-t-il que des sujets sans talens, sans lumières ou sans ressources, qui embrassent cet état pénible et humiliant; et comme on ne les nourrit que de *son*, ils servent le public en conséquence.

Que dirai-je de ce qu'on appelle vulgairement *demoiselles françoises*? Ce sont, pour l'ordinaire, des filles ou des femmes, qu'on fait venir, tantôt de suisse et tantôt de France, ou qu'on prend dans les familles françoises, établies en Allemagne depuis le refuge. Il est peu de maisons nobles et aisées, où l'on n'en trouve. Elles y dirigent l'éducation des jeunes personnes de l'un et de l'autre sexe, sous le titre de *gouvernantes*, et leur fonction principale est de leur apprendre la langue françoise.

Mais, comme on ne peut enseigner aux autres que ce qu'on sait soi-même, et que ces gouvernantes sont presque toutes de la plus honteuse ignorance, les enfans se gâtent auprès d'elles, au lieu de se former: ils contractent tous les vices d'un jargon ridicule et barbare, dont il ne leur est plus possible dans la suite de se défaire.

Après quelque essais de ce gente, ces sortes d'institutrices, ont communément l'ambition de tenir des écoles publiques ou des pensions, non seulement parce qu'alors elles sont plus indépendantes, mais encore parce que c'est un moyen bien plus sûr de se procurer un bien-être. On les compteroit par centaines dans plusieurs grandes villes de l'Allemagne: et dans ce nombre prodigieux de pareils établissemens, à peine en trouveroit-on quelquefois deux ou trois, qu'une police vigilante et sévère dût tolérer.

Il résulte de cet exposé, que, tant que l'Allemagne ne prendra pas d'autres mesures pour avoir de plus habiles maitres de langue, de meilleures gouvernantes, des maîtres d'école et de pension plus instruits, la première éducation de l'enfance n'aboutira qu'à altérer de plus en plus la langue nationale. Mais il dépend des gouvernemens d'arrêter les suites de cette dégradation; et il est digne de leur patriotisme de l'entreprendre.

III°. Enfin (et la vérité de cette dernière observation ne sera pas contredite), dans la plûpart des villes de l'Allemagne, il est, ce me semble, du bon ton et du bel usage, de mêler sans cesse dans les conversations familières, l'allemand et le françois et de se servir alternativement de l'un et de l'autre. Les personnes même d'un certain ordre attachent à ce mélange une sorte d'importance, comme étant le fruit et le résultat de l'éducation distinguée qu'elles ont reçue.

Quant à celles, qui ne sont pas en état de soutenir une conversation en françois, et qui, néanmoins, connoissent les termes les plus usuels de la langue, elles affectent, à tous propos, de les faire entrer dans leurs phrases allemandes. C'est une sorte de pédantisme, et tel, à peu près, que celui de ces demi-savans, qui, soit dans leurs discours, soit dans leurs écrits, ne manquent jamais d'étaler fastueusement leur petite érudition, et de placer partout des mots grecs et latins, que rien n'appeloit.

Faut-il s'etonner, que Leibnitz reproche cette puérile affectation aux prédicateurs et aux avocats de son temps? Quand le goût d'une nation est généralement faux et corrompu, les conditions, même les plus éclairées, en sont plus ou moins infectées; et si les vertus se communiquent de proche en proche, à plus forte raison les vices eux-mêmes doivent-ils porter partout avec eux la même contagion.

Quelle perte, et quelle ignominie ne seroit-ce point pour notre nation, si, par négligence, elle laissoit ainsi perir sa langue naturelle?

En thèse générale, on pourroit répondre: cette langue, est-elle supérieure à celles des peuples voisins? il y auroit de la *perte* et de *l'ignominie*, à ne pas en propager la culture, à ne pas en maintenir l'éclat et la durée. A-t'elle des défauts essentiels, et peut-être incorrigibles, que les autres n'ont pas? il n'y auroit que du gain et de la sagesse, à choisir, de préférence, parmi celles-ci. Mais il est une autre question, bien plus susceptible d'une discussion philosophique et approfondie.

Leibnitz, dans ce passage, paroît avoir eu pour principe, que chaque nation independante doit avoir sa langue propre, comme elle a ses lois, ses mœurs, ses coutumes, son administration particulière.

Cela existe, et a toujours existé; je n'en disconviens pas: car, si dans un même royaume, il se forme souvent une infinité de dialectes, et si, plus les provinces s'éloignent du centre de la domination, plus de langage populaire offre de différences, il est bien plus naturel encore, que des peuples, dont la politique est de s'isoler les uns des autres, comme devant tous se haïr, se fassent des langues qui leur soient propres.

Nous avons tous les mêmes sens, les mêmes organes: mais les objets ne nous affectent pas tous de la même façon; et moins nous avons de facilités pour nous communiquer réciproquement nos sensations et nos idées, plus nous différons par la manière de voir les objets et de les énoncer.

C'est de là qu'il faut partir, pour avoir la mesure du rapprochement ou de la distance respective des langues connues. Celles de deux états voisins doivent nécessairement avoir beaucoup d'expressions et de tournures en commun, parceque les deux peuples sont plus ou moins réunis par les liens du commerce. Mais comparez les langues de deux autres nations, qui n'ont aucune communication entr'elles: vous n'y retrouvez presque plus aucune ressemblance; et c'est ainsi que, dans le mêmes familles, on voit disparoître, de génération en génération, ces traits si marqués, ces caractères d'uniformité si frappans, qui, dans le premier degré de consanguinité, portent l'illusion à un tel point, qu'on a quelquefois bien de la peine à distinguer des frères entr'eux.

Rien n'est plus merveilleux, j'ose le dire, que cette multiplicité incalculable de langues, que le génie de l'homme a produites et doit produire encore. Combien, que de grands peuples ont autrefois parlées, et dont il ne reste plus de vestiges? combien, qui seroient également éteintes et perdues pour nous, si les manuscrits des savans et l'imprimerie ne nous en avoient, an moins, conservé les signes muets? combien, que les générations actuelles parlent et perfectionnent sur toute la surface de la terre, et dont les hommes les plus instruits parmi nous n'ont pas même les premières notions? combien, enfin, dont l'existence n'est encore au rang que des choses possibles, et qui, tôt ou tard, sortiront du néant où elles sont ensevelies?

Ici, l'esprit humain m'étonne par sa fécondité: j'admire avec ravissement toute la grandeur de ses productions: et c'est apparemment, en se livrant à cette contemplation, si digne de la philosophie, qu'Horace écrivoit:

ut sylvae foliis pronos mutantur in annos,
prima cadunt: ita verborum vetus interit aetas,
et juvenum ritu floent modo nata vigentque.
Debemur morti nos, nostraque: sive receptus
terra Neptunus, classes aquilonibus arcet,
regis opus, sterilisque diu palus aptaque remis
vicinas urbes alit, et grave sentit aratrum:
seu cursum mutavit iniquum frugibus amnis,
doctusiter melius; mortalia facta peribunt;
nedum sermonum stet honos et gratia vivax?
Multa renascentur, quae jam cecidere, cadentque
quae nunc sunt in honore vocabula, si volet usus.

Mais quoique ce soit une chose inévitable que les langues ne se multiplient à l'infini, il n'est pas moins vrai cependant qu'il seroit à désirer, que cet obstacle à la libre communication des hommes et des empires n'existât point, et qu'il est affligeant pour l'humanité qu'une langue universelle ne soit qu'une chimère.

Qu'on y fasse attention: l'adoption d'une autre langue entraine régulièrement la perte de la liberté, et nous jette sous un joug étranger.

Cette pensée me semble plus spécieuse que solide; et je ne vois pas trop, comment *la liberté* des Russes, par exemple, seroit compromise, si, dans leur empire, ou *adoptait* la langue françoise ou la langue allemande.

Il n'y a, sur cette hypothese, qu'une seule vérité qu'on ne peut contester: c'est que deux peuples, qui parlent la même langue, ont naturellement plus de penchant, comme plus de facilité, à communiquer ensemble, qu'ils n'en ont, (toutes choses d'ailleurs égales) à former, à entretenir des liens de commerce et d'amitié avec ceux, dont ils sont séparés par la différence de leurs idiomes.

Ainsi, en admettant que la Grande-Bretagne et l'Amérique septentrionale, qui forment aujourd'hui deux Etats libres et indépendans, ne sont pas plus divisés entr'eux par leurs intérêts politiques, qu'ils ne le sont de tous les autres Etats de l'Europe, la conformité des Langues est, sans contredit, pour les Américains et pour les Anglois, un égal et très-puissant motif de rapprochement et de préférence.

La suite du passage d'une langue à une autre seroit une confusion inévitable dans toute la nation, qui dureroit peut-être des siecles.

Une pareille adoption seroit libre ou forcée.

Dans le premier cas, il est impossible de supposer, qu'elle fût universelle; et l'exemple de la France suffit pour le prouver. Il n'est aucune contrée de ce royaume, où les hommes, qui ont reçu quelque éducation, ne parlent le françois; et, cependant, le peuple de la plûpart des provinces et des campagnes conserve encore son ancien dialecte, ou continue de se faire graduellement un nouveau jargon, à sa manière: car le langage populaire, tout barbare qu'il est, éprouve lui-même ses variations, comme les langues perfectionnées.

Or, alors, la *confusion* dont parle Leibnitz, pourroit bien durer des siecles: mais elle n'entraîneroit pas d'autres désordres, que ceux qui sont la conséquence nécessaire de l'ignorance, dans laquelle on laisse croupir partout jusqu'ici, cette nombreuse classe de citoyens, quoique si digne, à tous égards, de la sollicitude et des bienfaits de l'administration.

Dans le second cas, à quoi se borneroit l'autorité des gouvernemens? à commander que tous les actes publics se fissent désormais dans la langue adoptée; et c'est ce qui est arrivé en France, sous le regne de François I:[28] car, il est de principe, que, par rapport aux actes privés, qui n'intéressent en rien l'ordre général de la société, le gouvernement n'a jamais que la voie de l'invitation, de la persuasion et de la douceur.

Or, alors encore, la *confusion* que Leibnitz nous présente comme si dangereuse, pourroit bien amener d'abord quelques inconvéniens; mais elle ne seroit que très-passagère, et, en quelque sorte, momentanée, si d'ailleurs la nation en général avoit des lumières. Car, tel est l'homme: il n'a besoin, pour vaincre les plus effrayantes difficultés, que d'être mû par de grands motifs ou par la loi impérieuse de la nécessité:

nil mortalibus arduum est.

L'incertitude, avec laquelle on parleroit et écriroit, répandroit l'obscurité sur toute matière; et l'ignorance reprendroit son empire en Allemagne: car est-il possible de bien écrire, et de bien exprimer ses idées dans une langue, dont on ne connoit point la valeur des termes?

Non, assurément. Aussi, l'objet essentiel de l'étude des langues étrangères, comme des langues mortes, n'est-il que de pouvoir lire tous les bons auteurs de ces langues.

Je conviens qu'il est très-agréable, dans certaines occasions, d'être en état de les parler, et, quand il le faut absolument, de s'en servir dans des écrits qui sont sans conséquence. Mais je dis, en même temps, que jamais un homme sage, un écrivain jaloux de sa réputation, ne sacrifiera sa propre langue, s'il la possede parfaitement, à un idiome étranger, dont il n'a pas acquis la connoissance la plus approfondie, dont il est incapable de sentir toutes les finesses, dont les différentes expressions ne lui sont pas assez familières, pour en faire toujours l'usage et l'emploi qu'exige son génie particulier; ou que, par une conduite contraire, il s'expose à devenir l'objet de la censure la plus amère et de la dérision publique, si ses succès en ce genre ne justifient ses prétentions.

Quand je m'entretiens, en françois, avec un Allemand, je dois lui savoir gré de se prêter à mon ignorance. Je ne puis m'exprimer dans sa langue; et il a la bonté d'emprunter la mienne: il y auroit donc de l'injustice et du ridicule même de ma part, à le juger avec sévérité. Je l'écoute avec indulgence: j'excuse sans peine toute expression louche, équivoque, incorrecte, qui peut lui échapper; et je cherche ce qu'il veut me dire, au lieu de m'arrêter à ce qu'il me dit.

Mais si je m'apperçois, que, pour avoir étudié le françois avec quelque soin, il est assez vain, assez présomptueux pour se persuader, qu'il s'exprime dans cette langue avec pureté, correction, élégance: si, surtout, je vois, que dans des écrits qu'il veut faire passer à la postérité, il lui donne la préférence sur celle qu'il a parlée toute sa vie, et dans laquelle il est accoutumé de penser; je ne retrouve plus en lui que l'homme à prétentions; et je le juge avec la plus extrême rigueur. Je pèse toutes ses expressions; je combine toutes ses phrases: j'observe exactement toutes ses tournures: et comme ce n'est plus la nécessité qui le force d'employer le même idiome que moi, je suis d'autant plus choqué de ses défauts, qu'ils sont volontaires, et qu'il ne tenoit qu'à lui de s'en garantir.

De ces observations, je conclus qu'on a pris un très-sage parti dans notre Académie des sciences et belles-lettres, d'après l'avis de M. le comte de Hertzberg, en arrêtant, qu'à l'avenir les académiciens allemands auront la liberté de faire imprimer dans notre recueil leurs mémoires, dans leur langue même, et sans être obligés, comme autrefois, de les faire traduire en françois.

Il pourra arriver, que ce précieux recueil sera moins recherché en France, en Angleterre, en Hollande, en Italie et ailleurs, qu'il ne l'a été jusqu'à présent; parceque la langue allemande y est beaucoup moins répandue que la françoise: mais aussi, on n'y trouvera plus de ces mémoires, presque gothiques, qu'on ne lisoit qu'avec dégoût, tant le style en étoit vicieux et insoutenable.

Les langues ne reçoivent d'altération ou de changement, que par les irruptions dans des temps d'anarchie, et par les conquêtes que fait dans un pays une nation étrangère.

C'est ainsi que les Romains porterent leur langue dans la Gaule, dans plusieurs contrées de la Germanie, et dans tous les pays, dont leurs armes victorieuses soumirent les peuples à leur domination.

Mais c'est, surtout, lorsque les Etats éprouvent de ces grandes révolutions, qui brisent à la fois et avec éclat tous les ressorts des gouvernemens établis, que les langues *s'alterent*; que, quelquefois même, elles *changent* entiérement. Au milieu des agitations et des secousses violentes, que produit nécessairement *l'anarchie*, tous les esprits s'exaltent, s'échauffent, s'électrisent: et, alors, selon que les nations sont barbares ou policées, selon que l'ignorance ou les lumières, le bon ou le mauvais goût sont répandus, dans toutes les conditions; enfin, selon que les effets, qui résultent de cette désorganisation sociale, sont avantageux ou funestes à la liberté; les langues s'enrichissent ou s'appauvrissent, s'ennoblissent ou deviennent serviles, se perfectionnent ou se dégradent.

Tel est le spectacle que nous offre la France depuis quelques années. La langue nationale, ainsi que je l'ai remarqué ci-devant, est à peine reconnoissable. Elle a fait jusqu'ici, je l'avoue, des progrès étonnans. Elle étoit pauvre; et elle s'est enrichie, presque tout d'un coup, d'une infinité d'expressions nécessaires qui lui manquoient: elle étoit timide et pusillanime; et elle a pris un essor dont on ne soupçonnoit pas même qu'elle fût capable: elle étoit souvent asservie à de vaines formules, qui n'étoient propres qu'à la rendre lâche et trainante; et elle se montre aujourd'hui avec une telle franchise, que nulle autre langue n'est peut-être plus digne d'un peuple libre. Mais où s'arrêtera-t'elle dans son élan? Elle a secoué le joug, que lui imposoit une excessive et puérile délicatesse: ira-t'elle jusqu'à méconnoître les lois immuables et éternelles du goût, et jusqu'à n'en vouloir plus admettre que d'arbitraires?

Je suis d'un œil très-curieux ses variations; et je ne les vois encore que favorables à ses progrès. Mais je n'oserois affirmer, qu'elles n'ameneront pas, tôt ou tard, sa décadence. Les événemens ultérieurs de la révolution en décideront; il faut les attendre.

Pour empêcher les grandes inondations et les violens débordemens d'un fleuve rapide, on ne lui oppose pas tout-à-coup de fortes digues et des remparts, mais plutôt des obstacles, qui en cédant d'abord, s'affermissent peu-à-peu. On eût dû faire précisément la même chose au sujet de notre langue: car, pourquoi vouloir arrêter d'un seul coup le cours du mal, proscrire tous les mots étrangers, et ceux-même qui y étoient adoptés?

La manière dont s'énonce Leibnitz n'est pas assez claire, pour déterminer précisément quelle a été son opinion sur la *proscription des mots étrangers*. Il paroît néanmoins, quil n'en regardoit le projet que comme *bon à certains égards*, ainsi qu'il s'exprime lui-même à la suite de ce passage, et non comme rigoureusement nécessaire.

Quelques-uns de ceux, qui s'occupent aujourd'hui de la réformation de leur langue, ne montrent pas, à beaucoup près, la même indécision; et à juger, par leurs premiers essais, de ce qu'ils entreprendront à l'avenir, ils ne se proposent rien moins, que de faire main-basse sur tous les termes, qui sont empruntés, sinon du grec et du latin, du moins du françois: car, cette dernière langue est celle de toutes, à laquelle ils répugnent le plus d'être redevables.

Mais qu'ils veuillent bien me permettre de leur représenter, que jamais aucune langue n'a été formée uniquement de mots indigenes; qu'il est naturel à tout peuple, qui manque de certaines expressions nécessaires, de les emprunter de ses voisins, ou de les puiser dans les langues mortes; que c'est ainsi qu'on en a toujours usé dans tous les pays de la terre; que, par conséquent, il y auroit bien peu de philosophie à penser, que la gloire de la nation allemande puisse dépendre de l'expulsion de tout terme, qu'elle n'a point créé elle-même.

Horace, l'oracle du bon-sens et du goût, écrivoit, il y a 18 siecles, dans son art poetique:

Si forte necesse est
indiciis monstrare recentibus abdita rerum,
fingere cinctutis non exaudita Cethegis
continget, dabiturque licentia sumpta pudenter;
et nova fictaque nuper habebunt verba fidem, si
graeco fonte cadant, parce detorta.

Ces vers méritent d'être profondément médités par ceux de nos académiciens allemands, qui vont travailler à l'amélioration de leur langue. Ils sentiront, que, si les Romains, quoique portant le patriotisme et l'amour de la gloire aussi loin qu'aucun autre peuple, ne rougissoient pas d'emprunter des Grecs les mots qu'ils n'avoient pas, et dont ils ne pouvoient se passer, ce seroit, de leur part, une bien fausse honte, à ne pas se servir librement de ceux qu'ils doivent aux nations rivales. Mais ils apprendront, en même temps, comment il leur importe *d'habiller* ces mots, si j'ose m'exprimer de la sorte, pour les faire accueillir favorablement; et c'est jusqu'ici, la seule chose essentielle, qu'ils ont à se reprocher d'avoir négligée.

Les Latins, en faisant passer des mots grecs dans leur langue, commençoient par les *naturaliser*, et les François, qui ont pris eux-mêmes une grande partie de leurs expressions chez les Latins, ont suivi la même marche: ils les ont légérement altérées, *parce detorta*, c'est-à-dire, qu'ils leur ont donné la terminaison, qui étoit la plus conforme au génie de la langue françoise.

Voilà en quoi les Allemands, à leur tour, doivent s'efforcer de réussir. Il ne faut pas, que les termes grecs, latins, françois et autres qu'ils ont adoptés, continuent d'être maintenus dans leur forme primitive et originaire; ce qui produiroit à jamais une disparate choquante: mais s'ils consultent uniquement la perfection de leur langue, au lieu de s'amuser puérilement à expulser de leur vocabulaire tous ces mots étrangers, ils borneront leurs soins à les *habiller* à l'allemande.

Si on vouloit aujourd'hui penser un peu plus en allemand, et s'intéresser davantage à la gloire de la nation et à la perfection de notre langue, qu'on ne l'a fait jusqu'ici, on pourroit changer le mal en bien, et tirer avantage de nos malheurs même; et, en cherchant à faire revivre les mœurs de nos pères, nous pourrions les orner et les embellir des dépouilles des François et des autres nations.

On reconnoît, dans ce conseil, le bon patriote et le sage. Toute nation policée a de bonnes institutions; et dans ses coutumes, ses usages, ses mœurs, il y a presque toujours des choses particulières, qui doivent fixer l'attention des observateurs, et qui sont dignes d'être imitées de tous les autres peuples. Pourquoi rejeter dédaigneusement et sans examen ce qui est étranger, comme s'il étoit mauvais? pourquoi ne pas s'approprier, au contraire, tout ce qu'on découvre ailleurs d'excellent, et qui peut aisément s'adapter à sa propre constitution et à son génie?

C'est encore là, ce qu'Horace disoit aux Romains, au sujet de leur langue:

Quid autem
Caecilio Plautoque dabit Romanus, ademptum
Virgilio Varioque? Ego cur iacquirere pauca
si possum invideor? quum lingua Catonis et Enni
sermonem patrium ditaverit, et nova rerum
nomina protulerit?

Quand un objet quelconque est à ma convenance, ou qu'il remplit toute l'étendue de mes besoins, je n'examine pas d'où il tire son origine: je le sépare de tout ce qui lui est étanger; je ne vois en lui que lui-même: et, si j'en ai le pouvoir, je m'empresse de m'en saisir, parce que mon intérêt ou ma satisfaction me détermine invinciblement à m'en assurer la jouissance.

Livrons-nous à cette impulsion de la nature, surtout en matière de langues; et ne craignons jamais d'aller chercher les richesses, dont nous sommes privés, dans tous les lieux de la terre, qui peuvent nous les offrir. Conquérir, en ce genre, sur toutes les nations étrangères, c'est mériter, bien plus que les triomphateurs de l'ancienne Rome, de rentrer avec gloire dans sa patrie, chargé des dépouilles de l'orient,

spoliis orientis onustum.

Fouillez dans les archives modernes des affaires politiques de Ratisbonne[29] *et d'autres endroits; vous y trouverez une infinité de choses, qui donneront un éclat brillant à notre langue.*

Il faut croire, que, du vivant de Leibnitz, la diète germanique réunissoit dans son sein les plus illustres personnages des divers Etats de l'empire.

Mais quelque idée qu'on se fasse encore aujourd'hui des *archives de Ratisbonne*, de ce vaste dépôt de mémoires, de requêtes, de délibérations, de statuts, de décrets, il est, n'en doutons pas, de bien meilleures sources à consulter pour ceux, qui veulent enrichir et perfectionner leur langue: ce sont les excellens ouvrages, qui, depuis un demi-siècle principalement, ont élevé les Allemands au rang des premières nations de l'Europe.

Combien d'écrivains estimables, et dans les sciences et dans la littérature! Berlin seul en compte un très-grand nombre, dont les productions sont recherchées des peuples les plus éclairés, qu'on traduit dans toutes les langues, et qu'on regarde généralement comme de vrais modèles en fait de style. Notre Académie, en particulier, a la gloire d'en posséder plusieurs, qui, à la profondeur de la science et à l'analyse du raisonnement, joignent toutes les grâces et tout le brillant de l'élocution.

Je ne connois pas assez la composition actuelle de la diète de l'empire, ni l'ordre et les formes qui s'y observent, pour juger, si, depuis Leibnitz, les richesses littéraires de ses archives sont augmentées, et méritent encore autant d'être consultées. J'oserai, cependant, me permettre deux observations.

La première, c'est qu'il est bien absurde, qu'il faille que les affaires politiques, qui intéressent le corps électoral se traitent en langue latine; et que, suivant d'anciennes transactions avec les puissances étrangères, on doive correspondre dans cette même langue avec le chef de l'empire et son collège suprême.

Je ne m'attacherai point à combattre la prétention qu'ont les Allemands d'écrire supérieurement en latin. Il ne me seroit pas bien difficile de prouver, que nous ne sommes pas juges compétens en cette matière; que, si l'on peut réussir encore à entendre assez parfaitement cette langue morte, pour lire avec fruit les grands modèles de l'ancienne Rome, on n'en possède pas assez le génie, pour l'écrire avec pureté et correction; et que ce qui démontre invinciblement, combien est barbare la latinité de nos écrivains modernes, c'est, qu'en lisant tour-à-tour leurs écrits, et ceux du siècle d'Auguste, on comprend ceux-ci sans effort, tandis qu'on ne parvient à saisir les autres, qu'en mettant, pour ainsi parler, son esprit à la torture.

Mais je dirai, que ce n'est pas en s'asservissant à d'antiques protocoles, qui ne sont plus aujourd'hui que ridicules, qu'on accélérera les progrès de la langue allemande. Ne seroit-il pas infiniment plus sage et plus patriotique, d'employer l'idiome du pays même dans des affaires, où l'obscurité, l'impropriété des termes, peuvent répandre tant de confusion, et devenir si nuisibles à l'intérêt général et particulier?

J'ajouterai, que non seulement la diète germanique devroit substituer l'allemand au latin dans ses actes, mais que les gouvernemens des divers Etats de l'empire devroient étendre la même loi à toutes les universités, à tous les colléges. On enseigne plusieurs sciences en latin: on imprime des programmes latins: on prononce des discours latins: et l'on croiroit presque, que, dans toute l'Allemagne, on rougit de se servir de la langue nationale.

Il est très-nécessaire, je ne le nie pas, que le latin et le grec continuent d'être cultivés dans les écoles publiques. Ce seroit une perte immense et irréparable, si jamais ces deux langues savantes étoient abandonnées: mais il faudroit se borner, selon moi (et je ne crains pas de le répéter), à les faire apprendre à la jeunesse, uniquement, pour lire les bons auteurs de l'ancienne Grèce et de Rome.

La seconde observation, que j'ai à faire *sur les archives de Ratisbonne*, que Leibnitz nous présente comme une source féconde de richesses pour la langue allemande, c'est qu'en général les ouvrages, qui sont relatifs à l'administration politique ou civile des Etats, sont encore trop infectés de raisonnemens captieux et alambiqués, pour fournir d'abondans matériaux à l'amélioration de nos langues modernes. Ce n'est pas que les bons principes ne soient, plus ou moins, répandus par-tout dans le siècle présent: mais l'intérêt personnel les altère presque toujours; et comme c'est lui qui a engendré l'art sophistique, c'est encore lui qui le perpétue.

La base d'une langue est dans les mots, dont se forment les phrases, les expressions: d'où il s'ensuit, que le travail principal et le plus nécessaire, relativement à la perfection de notre langue, consisteroit dans la revue, et dans l'examen de tous nos mots.

Leibnitz indique ici aux lexicographes deux opérations, aussi pénibles que longues, mais, en même temps, d'une nécessité indispensable. Il faut d'abord, qu'ils fassent la recherche de tous les mots dont la langue est composée, quels qu'ils puissent être; et ensuite, qu'ils examinent ces différens mots, pour en fixer avec précision la valeur, et pour les distribuer dans les classes auxquelles ils appartiennent.

Mais Leibnitz n'ayant pas tracé lui-même la marche qu'il importe de suivre dans ces deux immenses opérations, soit pour s'épargner beaucoup de travail, soit pour y procéder avec plus d'ordre et de méthode, je vais tenter de suppléer au silence de ce grand homme, et exposer sur ce sujet quelques idées, qui ne seront peut-être pas sans utilité pour ceux de nos Académiciens, à qui l'entreprise d'un nouveau dictionnaire de la langue allemande a été spécialement confiée.

Je suppose qu'ils sont au nombre de quinze pour remplir cette tâche.

I°. Ils doivent commencer par convenir entr'eux, de quelle nature de mots chacun d'eux veut uniquement s'occuper, et se partager en cinq classes, également composées de trois collaborateurs.

L'une, par exemple, choisira tous les *noms propres et individuels*, destinés à représenter *les choses réelles* ou *existantes*, sans distinction de genres et d'espèces.

L'autre, tous les *noms substantifs*, appellatifs ou génériques et collectifs, qui ont été créés pour énoncer les différentes *abstractions de l'esprit.*

La troisième, tous les *noms adjectifs*, qui expriment les *attributs* ou les *qualités*, que peuvent recevoir les divers objets de nos connoissances, soit réels, soit abstraits ou métaphysiques.

La quatrième, tous les *verbes*, tant réguliers qu'irréguliers, actifs, passifs et neutres, en y joignant tous *les participes* qui en dérivent, ainsi que les verbes, substantif et auxiliaire.

La cinquième, les *pronoms*, les *articles*, les *prépositions*, les *conjonctions*, les *interjections* ou *particules* et les *adverbes.*

II°. Cette recherche de tous les mots de la langue, pour être aussi exacte qu'elle peut l'être, exige, non seulement, qu'on fasse la révision la plus scrupuleuse de tous les dictionnaires qu'on a déjà, mais encore, qu'on lise avec une égale attention, la plume à la main, et dans les différens genres des sciences, de la littérature et des arts, les meilleurs ouvrages qu'à produits jusqu'ici l'Allemagne, et ceux-même qui ont paru dans les siècles les plus reculés.

Les membres de la société lexicographique doivent donc, selon les espèces des mots qu'ils sont appelés à recueillir, se partager entr'eux, d'avance, les livres dont ils ont à faire le dépouillement.

Ils assigneront, aux uns, ceux qui appartiennent aux genres, noble, gracieux et orné; aux autres, ceux qui sont écrits dans les genres, simple, familier et badin; à quelques-uns, les ouvrages de poésie, d'éloquence et d'histoire; à quelques autres, les ouvrages de philosophie, de sciences exactes et de droit public.

Ils embrasseront, en un mot, dans ce partage des livres à consulter, l'universalité des connoissances humaines; et, par-là, ils parviendront, en moins de temps peut-être qu'on ne le pense, à compléter entiérement leur vocabulaire, chacun, dans la partie qui lui aura été individuellement affectée.

»Le travail que vous proposez (me dira-t'on) est tel, qu'il ne peut que glacer d'effroi ceux qui auront le courage de l'entreprendre.« Je conviens, qu'il doit étonner, au premier apperçu, par son immensité. Aussi n'est-il pas ici question d'un seul homme, mais d'une société de savans et de littérateurs.

D'ailleurs, qu'on veuille se rappeler un Du Cange[30], par exemple; et d'après lui, qu'on juge de quoi est capable un homme actif, constant, infatigable qu'embrase l'amour de la gloire et de la patrie, qui ne vit et ne respire que pour les sciences, qui fait consister son bonheur à éclairer ses semblables.

III°. Tous les mots de la langue, ainsi recueillis indistinctement, et distribués selon l'ordre alphabétique, nos lexicographes doivent en faire l'examen le plus approfondi.

Cet examen aura pour objet la signification, la valeur précise de chacun d'eux, et leur distinction bien exacte, comme nobles ou bas, familiers ou burlesques, oratoires ou poétiques; comme indigènes ou étrangers, vieux ou nouveaux, du bon ou du mauvais usage; comme simples ou composés, primitifs ou dérivés, augmentatifs ou diminutifs; enfin, comme en vogue seulement dans quelques Etats, dans certaines contrées particulières de l'empire.

IV°. Ils tâcheront ensuite de séparer, des mots usuels et d'un usage universel, ceux qu'on appelle *techniques*, et qui n'appartiennent qu'à telle ou telle science, à tel ou tel art; de déterminer avec justesse la différence de tous les termes, qu'on emploie tour-à-tour, et selon les circonstances, ou dans le sens propre, ou dans le sens figuré et métaphorique; de rassembler, enfin, sous le même aspect, les différentes expressions de la langue, qui d'abord paroissent *synonymes*, mais qui, après avoir été bien discutées, offrent des nuances fines et délicates, qui, variant plus ou moins leur signification, les rangent dans des classes particulières.

Afin d'introduire, dans cette entreprise, le plus d'ordre qu'il est possible, je dirai qu'il faudroit la réduire, au moins, à trois ouvrages particuliers, dont l'un ne contînt que les mots d'usage, l'autre, les mots des arts, le troisième, tous les vieux mots, ceux des provinces, et autres, qui conduisent à la découverte des étymologies: le premier s'appelleroit d i c t i o n n a i r e o u l e x i c o n: le second, t r é s o r d e l a l a n g u e ; et le troisième, s o u r c e d e l a l a n g u e o u g l o s s a i r e .

Parmi les excellentes choses, que renferment les considérations de Leibnitz, celle-ci est peut-être la plus importante. C'est à ceux, qui se disposent à remplir ses vues, relativement à la langue allemande, de réfléchir mûrement sur cette division. Plus ils la soumettront à leur discussion, plus ils se convaincront de l'indispensable nécessité de s'y conformer. Elle est naturelle, juste, et propre à lever une foule d'obstacles au succès de leur entreprise. S'ils s'en écartent, je leur prédis d'avance, qu'ils ne feront qu'un mauvais ouvrage, ou, du moins, aussi mal conçu, aussi peu raisonné, que la plupart de ceux qui existent.

Ce que Leibnitz demande d'abord à ceux, qui voudront consacrer leurs soins à l'amélioration de leur langue, c'est un *dictionnaire* ou *lexicon.*

Mais, avant que d'entreprendre ce travail, il est expédient de déterminer, ce qui doit entrer dans un pareil ouvrage, et ce qui doit en être écarté.

I°. Il n'est, selon moi, qu'une seule espèce de mots qu'il faille y admettre, celle des mots usuels, ou dont on fait universellement usage dans tous les entretiens, dans tous les écrits, de quelque genre qu'ils puissent être, et qui sont compris dans ce qu'on appelle communément les *parties d'oraison*, comme articles, noms, pronoms, nombres, verbes, adverbes, prépositions, conjonctions, interjections ou particules.

II°. Il faut que tous ces mots n'y soient présentés que selon leur valeur primitive: jamais surtout, il ne doit y être question de *synonymie.*

Assurément, peu d'ouvrages sont plus propres à répandre le goût, que ceux, qui, rapprochant les diverses expressions d'une langue, dont, au premier apperçu, la signification paroît être la même, en déterminent néanmoins avec précision et netteté les différentes nuances, et les font sentir aux lecteurs par des exemples choisis avec soin.

Quel bien n'ont pas fait à la littérature françoise les *synonymes* de M. l'abbé Girard? et quel écrivain, quel homme même qui se pique de bien parler sa langue, ne possède pas cet excellent livre, pour le consulter au besoin, ou, plutôt, pour le lire et relire sans fin.

Combien ne sont pas encore recherchés les ouvrages, qu'ont produits, après lui, dans le même genre, Mrs. d'Açard, Beauzée et Roubaud[31]?

J'oserois presque porter le même jugement de l'utilité de ceux, où l'on établir avec exactitude et justesse la différence des termes, selon qu'on les emploie dans leur sens propre ou dans leur sens figuré.

Mr. Du Marsais a exécuté cette entreprise dans son traité des *tropes*, et si cet ouvrage estimable a été méconnu dans son origine, de quelle réputation ne jouit-il pas aujourd'hui? On le lit beaucoup moins que les *synonymes*, parceque la lecture en est moins agréable: et cependant il n'est guères moins utile.

Mais ce n'est point à de simples lexicographes qu'il convient d'embrasser les *synonymes* et les *métaphores*. Ils ne pourroient discuter les premiers, qu'en s'exposant à mille redites, ni avoir assez de latitude, pour y joindre les exemples nécessaires au développement de la théorie de leurs distinctions; et *les métaphores* leur causeroient encore plus d'embarras: car, les termes, dont on peut se servir en sens figuré, ne sont pas seulement infinis; on n'en apprécie la bonté ou la beauté, qu'en les rapprochant des objets de comparaison et des circonstances particulières qui les ont fait naître; et il seroit ridicule de remplir de dissertations de littérature et de philosophie un dictionnaire de mots.

III°. Il faut encore en exclure toutes les expressions, qui ne sont que *techniques*: et cette exclusion me semble principalement fondée sur deux raisons, également décisives.

La première, c'est que chaque art, chaque science, chaque profession méchanique, ayant ses mots particuliers, pour désigner, tantôt ses opérations, tantôt les effets des causes ou des instrumens qui sont à son service, tantôt même les objets de ses spéculations, et tous ces mots techniques ne devant guères être employés que par une certaine classe d'écrivains et d'individus, il est peu raisonnable, et presque inutile, de les faire entrer dans un dictionnaire, qui, par sa nature, est destiné à l'universalité des citoyens ou membres de la même société.

Que toutes les sciences aient leur vocabulaire technique; à la bonne heure: il est avantageux, il est nécessaire même, quand on veut s'adonner tout entier à un art quelconque, d'avoir sous la main le dépôt universel des mots qui composent sa langue particulière.

Ainsi, un physicien, un méchanicien, un géometre, un algébriste, un chimiste, un botaniste, un pharmacien, un anatomiste, un médecin, etc. peut et doit avoir son propre vocabulaire. Il tâche d'abord de se le rendre familier, pour se mettre en état de faire des progrès plus rapides dans la théorie de l'objet de sa profession; et si, dans la suite, il rencontre quelque expression, qui lui soit inconnue, ou dont il ait oublié la valeur, il ouvre son petit dictionnaire; et il la trouve.

La seconde raison, pour ne pas confondre les mots *techniques* avec ceux d'un usage universel, c'est que, les sciences et les arts faisant tous les jours de nouveaux progrès, et par conséquent, la collection n'en pouvant être encore faite que très-incomplétement, il est bien plus sage de ne la former que d'après une sorte de division spécifique, que de mêler tous ces termes d'arts indistinctement dans un seul et même dictionnaire.

Par ce moyen, en effet, il seroit plus facile aux artistes et aux savans d'étendre, d'enrichir la nomenclature des arts et des sciences, chacun dans le genre auquel il se seroit attaché, et d'en faire disparoître graduellement les imperfections. Car, chaque dictionnaire n'étant que d'un très-médiocre volume, il ne seroit, ni embarassant d'en connoître parfaitement tout l'ensemble, ni dispendieux d'en publier de temps à autre des éditions nouvelles.

Ce dictionnaire des mots *techniques* est le second ouvrage, que Leibnitz sollicite les savans d'entreprendre; et je suis convaincu, comme lui, de la nécessité et le séparer entiérement de celui des *mots usuels.*

Mais mon opinion néanmoins diffère de la sienne en un point. Il paroît desirer, que tous les *termes d'arts* soient recueillis en un même corps d'ouvrage, sous le titre de *trésor de la langue.* Je voudrois, au contraire, qu'on distinguât si bien les différens genres des arts et des sciences, que chacun d'eux eût son vocabulaire particulier.

Enfin, le troisième et dernier ouvrage, demandé par Leibnitz, est un glossaire, qui auroit pour titre *source de la langue*, et dans lequel les lexicographes allemands auroient soin de rassembler *les vieux mots, ceux des provinces et autres, qui conduisent à la découverte des étymologies.*

Cette entreprise, quoique d'une étendue effrayante, a été exécutée, en France, avec le plus grand succès, relativement au grec et au latin, par un seul homme de génie, le célèbre Du Cange. Il publia d'abord son *glossaire de la basse latinité*, (les bénédictins de la congrégation de St. Maur en ont donné depuis une nouvelle édition en 1733): et ensuite parut son *glossaire de la langue grecque*; ouvrage d'une érudition immense, et qui n'est pas moins estimable que le premier.

Le savant bénédictin Carpentier[32], de l'ordre de Cluni, éditeur du glossaire de Du Cange en 6 volumes in-*folio*, a mis au jour lui-même, en 1776, un supplément de 4 volumes, aussi in-*folio*; et l'on n'admire guères moins ses profondes recherches, que celles de son illustre prédécesseur.

Tels sont les modèles que les Allemands ont à se proposer.

Mais, ici encore, je crois être fondé à modifier l'opinion de Leibnitz. Son projet se borne à ce que l'on fasse un dictionnaire particulier des *vieux mots* et des *expressions provinciales.* J'en desire, comme lui, l'éxécution: mais je voudrois, en même temps, qu'on détachât de ce grand ouvrage tous les termes, qui appartiennent à la classe *des mots usuels*, et qu'on en enrichît le lexicon. J'ai déjà montré, quel parti un habile écrivain sait quelquefois tirer d'une expression, qui n'est plus du bon usage, ou qui n'est usitée que dans quelques contrées d'un même empire.

Le succès des françois a été heureux dans les trois sortes d'ouvrages dont nous avons parlé.

C'est ainsi qu'un grand homme s'élève au dessus des petites passions, qui subjuguent les hommes médiocres: il rend justice à une nation rivale, avec la même franchise et la même bonne-foi, que s'il étoit question de la sienne propre. La jalousie est le vice des ames basses; et c'est l'un de ceux, qu'on devroit, au moins, cacher avec le plus de soin, ne fût-il que l'indice certain de l'infériorité, en quelque genre que ce puisse être.

L'Académie Françoise a déjà tenu sa promesse, en mettant au jour son dictionnaire des mots d'usage.

Si Leibnitz approuva ce dictionnaire dans sa naissance, à plus forte raison lui eut-il accordé son suffrage, s'il eût assez vêcu, pour le voir, tel que nous l'avons aujourd'hui.

La première édition est de l'année 1694. Les mots y sont rangés *par racines*; c'est-à-dire, que les mots dérivés ou composés y sont placés à la suite des mots primitifs, soit qu'ils tirent leur origine de la langue françoise elle-même, soit qu'ils aient été empruntés du latin ou de quelque idiome étranger.

C'est celle dont parle Leibnitz; car la seconde est de l'année 1718; et ce grand homme étoit mort en 1716.

Tout est changé dans celle-ci, excepté l'orthographe. Elle ressemble si peu à la première, qu'on doit la regarder comme un ouvrage tout-à-fait nouveau. L'arrangement des mots *par racines* rendoit l'usage du dictionnaire fort incommode. L'Académie prit le parti de les distribuer ici, suivant leur ordre alphabétique.

La troisième parut en 1740, avec des changemens d'un tout autre genre, mais qui ne sont peut-être pas moins importans. On s'attacha à perfectionner davantage les définitions des mots, et à déterminer plus précisément leur valeur: on y joignit un plus grand nombre d'exemples et d'un meilleur choix: et, pour épargner la peine de recourir aux grammaires, on assigna aux verbes irréguliers les divers temps de leurs conjugaisons dont ils sont susceptibles.

La quatrième édition, enfin, est celle de 1752. L'Académie l'augmenta d'un nombre très-considérable de mots. Elle sépara les voyelles *i* et *u* des consonnes *j* et *v*; ce qui porta l'alphabet françois à 25 lettres ou caractères, au lieu de 23. Elle fit à l'orthographe tous les changemens, que l'usage avoit déjà faits, mais sans s'écarter essentiellement de la loi, qu'elle s'étoit depuis long-temps imposée, de conserver dans les mots dérivés les lettres caractéristiques des mots primitifs.

Cependant, à quelque perfection que cette illustre société ait alors élevé cet ouvrage utile et le premier de son espèce, il n'en est pas moins vrai, ainsi que je l'ai dit, qu'il n'est rien moins qu'exempt de défauts.

I°. Jusques-là, l'Académie s'étoit restreinte à la langue commune: elle crut devoir enrichir cette dernière édition de beaucoup *d'expressions techniques* d'arts et de sciences; et, d'après les raisons que j'ai exposées, cette sorte de nomenclature étoit déplacée.

II°. Elle omit tous les mots, qui n'étoient plus d'usage, et qu'on ne trouvoit plus que dans les anciens écrivains; et cette suppression appauvrit la langue, au lieu de l'épurer.

J'ai suffisamment prouvé, ce me semble, que les *vieux mots* ne sont pas toujours inutiles, et qu'en poésie surtout, ils peuvent être employés avec le plus grand avantage.

III°. Avant que de définir les mots, elle donna souvent leurs *synonymes*; et quelquefois elle rapporta les divers *sens métaphoriques* qu'ils recevoient.

Mais, sans rappeler les différens motifs, qui, selon moi, doivent déterminer les simples lexicographes à exclure tous *synonymes* et toutes *métaphores*, je me contente d'observer, que dans le dictionnaire dont il s'agit, ces deux objets sont traités d'une manière si vague, si légère, si superficielle, qu'ils s'y trouvent absolument en pure perte pour l'instruction.

IV°. Enfin, elle retrancha, par une délicatesse excessive, une infinité d'expressions nécessaires à la langue; et elle négligea toutes les recherches savantes, qui pouvoient lui fournir les moyens de remédier à sa stérilité naturelle.

Le dictionnaire, qui regarde les arts, et qu'avoit commencé Furetière[33], *a été continué par un autre membre.*

Il est difficile de se persuader, qu'il se soit trouvé dans l'Académie elle-même un homme assez courageux, pour continuer un ouvrage, qui, sur l'imputation seule de plagiat, avoit fait expulser son auteur de cette compagnie: ce qu'il y a de certain, au moins, c'est que la première édition du dictionnaire de Furetière, en 2 volumes *in-folio*, ne parut qu'en 1660, deux années après sa mort.

Mais elle ne vaut pas celle, que publia ensuite Basnage de Beauval[34] en Hollande, où il s'étoit retiré après la révocation de l'édit de Nantes, et où il mourut en 1710.

Ajoutez-y l'excellent ouvrage du savant Ménage[35], *qui, en remontant jusqu'à la source des mots, a dû approfondir plus d'une fois ceux qui avoient vieilli, et ceux-même qui ne sont guères usités que chez les paysans.*

Son *dictionnaire étymologique de la langue françoise* annonce sans contredit un savant des plus distingués: et c'est ce qu'on peut dire encore de ses *remarques* sur notre langue, et de son traité de *l'origine de la langue italienne.* Mais si on doit louer l'érudition immense et le travail infatigable de cet auteur, on ne peut applaudir de même à son goût et à son discernement. Aussi des détracteurs l'ont-ils toujours accusé de n'avoir que de la mémoire.

Le premier soin de la société italienne, appelée la Crusca, après son érection, fut de composer un dictionnaire: et le cardinal de Richelieu, après avoir institué l'Académie françoise, la chargea aussitôt d'un semblable ouvrage.

Il est naturel de penser, qu'une compagnie nombreuse, qui réunit dans son sein ce qu'une nation a de plus illustre dans les sciences et dans les arts, est bien plus propre à faire un dictionnaire, que ne peuvent l'être des hommes privés, et souvent dénués de ressources et de moyens. Mais l'expérience ne prouve que trop le contraire: rarement une vaste entreprise littéraire, qui exige des soins assidus et de la constance dans le travail, a été achevée, ou, du moins, portée à toute sa perfection par une grande société.

Un homme de génie se livre tout entier à sa propre impulsion. Rien ne le contrarie: rien ne l'arrête dans sa marche: il se fixe un but; et l'ayant toujours devant lui, il y tend, quoiqu'avec lenteur et par des degrés insensibles. Il est libre dans le choix des instrumens, dont il doit se servir. Ses opérations pourront varier selon les temps et les circonstances; mais elles ne seront jamais compliquées: son ouvrage, en un mot, aura de l'ensemble et de l'unité, puisqu'il ne sera le produit que de ses facultés et de ses forces individuelles.

Mais qu'il est difficile de concilier les diverses opinions d'une nombreuse assemblée! Chacun a ses idées particulières, et s'y attache d'autant plus, qu'on les combat avec plus de vivacité. L'amour-propre fait, que personne ne veut céder: et au milieu de cette lutte, dans laquelle les avis les moins sages l'emportent presque toujours, les bons esprits se lassent, prennent le parti du silence, et laissent le champ libre à ceux qui ont le plus d'intrigue ou d'opiniâtreté.

J'estime trop les différens membres de notre Académie, qui doivent concourir à l'entreprise du dictionnaire de la langue allemande, pour n'être pas intimément persuadé, qu'ils sauront se garantir des inconvéniens, qu'entraînent ordinairement les grandes sociétés; et qu'avant tout, ils se prescriront des règles invariables, soit pour prévenir les disputes et les divisions, soit pour éviter toute perte de temps, toute interruption des travaux communs.

Le projet de l'une et de l'autre ne fut alors que de compiler les mots d'usage, et d'écarter les termes d'arts: la Crusca l'exécuta exactement.

Il faut d'abord connoître les *mots usuels.* Il est utile, ensuite, de passer aux *termes techniques.* Mais est-il nécessaire de les réunir dans un même ouvrage? J'ai développé les raisons, qui doivent empêcher les lexicographes de les confondre.

Je communiquai mon sentiment à quelques-uns des principaux membres de l'Académie françoise sur le vice de ce projet. Je leur remontrai les mauvaises suites d'une conduite, qui pouvoit n'être pas blâmée chez les Italiens, parce qu'ils avoient été privés d'un modèle qu'ils eussent pû imiter. Je leur insinuai, qu'on s'attendoit à bien davantage d'un florissant royaume, qui jouissoit de la protection d'un monarque puissant. Je leur fis sentir, combien l'application des termes des arts porteroit de clarté dans les sciences mêmes, et l'avantage que l'Europe en tireroit; et il y eut beaucoup de ces savans, qui me ocmprirent très-bien.

On a vu ci-devant, que Leibnitz demande trois sortes d'ouvrages: le premier, sous la dénomination de *dictionnaire* ou de *lexicon*, qui ne renferme que les *mots usuels*; le second, sous le titre de *trésor de la langue*, où soient consignés les *termes d'arts*; le troisième, appelé *glossaire*, qui rassemble les *expressions provinciales, étrangères*, et les *vieux mots*, par lesquels on peut découvrir les étymologies; et qu'en même temps il déclare formellement, que ce sont-là trois ouvrages distincts.

Or, dans cet endroit-ci, il blâme l'Académie françoise et la société littéraire de la Crusca, de s'être bornées à la *langue commune*, et de n'avoir pas embrassé encore les *mots techniques.*

Par consequent, ou ce philosophe est en contradiction avec lui-même, ou il ne s'est pas énoncé assez clairement.

J'aime à me persuader, qu'il a voulu dire, qu'une société, telle que l'Académie françoise, devoit donner plus d'extension au projet qu'avoit exécuté celle de la Crusca, et qu'il étoit digne d'elle, autant que de la France, après avoir publié le dictionnaire des *mots usuels*, de recueillir de même, mais dans un nouvel ouvrage, les *termes techniques*, qui pouvoient, à leur tour, infiniment contribuer au progrès des sciences, et par-là, devenir si utiles à toutes les nations de l'Europe.

Quoiqu'il en soit, je crois qu'il n'y a que ce seul projet de bien raisonnable; et je renvoie, sur ce sujet important, au développement des motifs que j'ai exposés.

Mais ils demeurerent attachés au dessein d'imiter la Crusca. Cependant Furetière, un d'entr'eux, porté par son propre goût, s'appliqua, dès ce temps-là, à compiler les termes des arts. L'Académie en fut offensée, et empêcha que cet ouvrage ne vît le jour. Mais par les soins d'un savant étranger, qui sut profiter de cette faute et des moyens qu'on venoit de lui donner, il fut imprimé en Hollande; et dans cette rencontre, la passion produisit l'effet, que la raison n'avoit pû produire.

L'anecdote n'est pas exacte. Furetière fut rayé du tableau académique, non pour avoir fait entrer les *termes des arts* dans son dictionnaire; mais parcequ'étant membre de l'Académie, assistant à toutes ses délibérations, et par conséquent, se trouvant toujours à portée de s'approprier toutes ses recherches, c'étoit, en quelque sorte, violer toute justice, comme toute décence, que de publier, en son particulier, l'ouvrage même, pour la composition duquel elle avoit été principalement instituée.

Du reste, je suis très-éloigné d'applaudir à la conduite de l'Académie; et je pense, au contraire, qu'elle fit en cette occasion un acte de despotisme. Il doit être permis à chacun d'écrire, et de mettre au jour tel ouvrage qu'il veut: et avant que d'expulser Furetière du corps académique, avant que de l'empêcher de publier son dictionnaire, il falloit constater, s'il étoit véritablement coupable du plagiat dont on l'accusoit.

Mais on ne procéda point à son égard avec cette régularité. »Le dictionnaire de la langue étoit le principal objet de l'institution académique: donc, personne n'avoit le droit de faire le même ouvrage«. C'est ainsi que raisonnent les corporations, quand elles peuvent, à leur gré, substituer l'autorité à la logique.

Puisque les Allemands excellent sur les autres nations dans les connoissances relatives à la physique expérimentale et à la mécanique, un bon ouvrage allemand des termes des arts renfermeroit un trésor d'excellentes notions, qui fourniroient aux génies subtils mille occasions de créer des pensées ingénieuses, et de produire de nouvelles inventions.

On ne sauroit trop exhorter nos Académiciens allemands à s'occuper du recueil dont il s'agit. Ce n'est pas que les *mots techniques* soient par eux-mêmes des *notions essentielles*; mais ils y conduisent nécessairement: car, un terme nouveau ne frappe jamais nos oreilles, sans exciter en nous le desir, non seulement de savoir quelle est sa valeur exacte, mais encore de connoître les choses, auxquelles on l'applique.

Les mots répondent exactement aux choses dans la langue allemande: par conséquent l'explication des mots peu communs doit, à coup sûr, produire la connoissance des choses inconnues.

Dans toutes les langues, l'expression doit toujours représenter fidellement l'objet ou l'idée dont elle est le signe. Mais il arrive fort souvent, que, quoiqu'un mot ait une destination primitive et originaire, on ne laisse pas que de s'en servir encore dans tout autre sens. Or, en pareils cas, sa valeur est, pour ainsi parler, accidentelle et locale: elle dépend entiérement des circonstances où il est employé; et pour le bien saisir, il faut le combiner avec ce qui le précède et ce qui le suit.

Ce seroit, en effet, un ouvrage très-précieux, et l'un des plus instructifs qu'on pût composer pour l'Allemagne. Si je veux, par exemple, connoître le véritable emploi d'un mot françois, emprunté du latin, je dois porter toute mon attention sur le sens, que ce mot avoit, ou qu'il a encore dans la langue primitive: car, je dois naturellement supposer, que ceux, qui l'ont fait passer dans ma langue maternelle ou habituelle, ne l'ont adopté qu'à cause de sa propre signification.

Quelquefois, néanmoins, les mots dérivés s'alterent; et soit hazard, soit caprice, ils finissent bien souvent par avoir une valeur toute différente de la valeur primitive. Mais ces exceptions, fussent-elles plus nombreuses qu'elles ne le sont, ne détruisent pas la loi générale; et en fait d'expressions, comme en toute autre matière, il est toujours bon de pouvoir remonter aux notions primitives.

De là, la conséquence que j'ai déjà tirée, qu'il est nécessaire de conserver dans les mots, en les écrivant, les lettres ou caractères étymologiques. J'ai donné à la preuve de ce principe tout le développement convenable; et je n'insisterai pas davantage sur une chose aussi évidente.

Il est palpable, et absolument hors de doute, que le françois, l'italien, et l'espagnol (sans parler de l'anglois, qui est rempli de mots allemands) seroient forcés de recourir à notre langue, à chaque instant, dans la recherche qu'ils voudroient faire de l'origine de leurs idiomes: et, par conséquent, l'examen de la langue allemande n'éclaireroit pas seulement l'Allemagne, mais l'Europe entière; nouvelle espèce de gloire pour notre nation.

La langue allemande est, sans contredit, l'une des plus anciennes de l'Europe: et comme l'Allemagne est située, à-peu-près, au centre de notre continent; que cet empire n'a jamais cessé d'avoir des communications directes avec tous les autres Etats; qu'enfin les divers peuples, qui occupent cette vaste contrée, ont souvent fait des irruptions et des conquêtes sur les terres de leurs voisins; il a bien fallu que leur langue se mêlât plus ou moins avec celle de la plûpart des autres nations.

Leibnitz cite, dans ce passage, le françois, l'italien, l'espagnol et l'anglois: je me borne à présenter quelques faits historiques à l'appui de ses assertions, relativement au françois.

Les Francs, en s'établissant dans les Gaules, ne forcèrent point les naturels du pays à adopter leurs mœurs, leurs usages: mais vivant avec eux ou au milieu d'eux, ils leur communiquerent insensiblement leur idiome; et si la France, pendant la première race de ses rois[36], fut comme partagée en deux peuples différens, dont l'un parloit le latin, et l'autre le tudesque, il se fit entr'eux, dans l'âge suivant, un rapprochement si sensible, qu'on ne distingua plus qu'un seul peuple et qu'un seul langage.

Mais ce langage changea de nature et de forme. Il se composa des deux idiomes, qui s'étoient maintenus séparément jusques-là. La plus grande partie des mots venoit du latin; et la construction étoit toute tudesque.

Plusieurs siècles après (et ce fait est vraiment singulier) cette langue grossière et barbare éprouva de nouvelles altérations, mais en sens inverse; et sa syntaxe tint beaucoup plus du romain que du germanique.

Bientôt, un génie particulier dirigea sa marche. Elle s'assujettit aux articles et aux verbes auxiliaires: ses expressions, en s'éloignant de leur origine, prirent une terminaison, qui ne ressembloit plus en rien aux deux langues primitives; et comme divers peuples du Nord s'étoient répandus dans les Gaules à différentes époques, il se forma, par ce mélange, une sorte de langue mixte, et dans laquelle il étoit facile de reconnoître des mots de tous les pays.

Vers le milieu du douzième siècle, la langue *romance* bannit presque entiérement la *tudesque*; et, sous le regne de Louis le jeune, elle l'étoit encore de tous les écrivains et de tous les *lettrés.*

Mais, quoiqu'elle continuât de s'épurer de génération en génération et de siècle en siècle, jusqu'aux jours brillans du regne de Louis XIV, où elle fut portée à sa perfection, elle conserva toujours quelques traits caractéristiques de sa première origine. Aujourd'hui même, les François reconnoissent encore, que les Francs ont été leurs pères.

Ce qui doit, plus que tout autre motif, nous porter à entreprendre un dictionnaire étymologique allemand, est le besoin qu'en ont toutes les nations de l'Europe. J'en connois par moi-même la nécessité; et les lettres fréquentes que je reçois sur ce sujet de toutes parts, m'en convainquent de plus en plus. Des étrangers d'un profond savoir souhaitent cet ouvrage, afin de pouvoir, par ce secours, éclaircir leur antiquité.

Parmi ces *étrangers d'un profond savoir*, on doit particuliérement distinguer le célèbre et immortel *Peiresc*, que la Provence, sa patrie, met encore à la tête des plus beaux génies qu'elle a produits, et qui fut très-certainement l'un des hommes les plus extraordinaires qu'on ait jamais vûs.

On n'a qu'à consulter la vie de ce savant, écrite avec autant d'élégance que de pureté par *Gassendi.*

Il entretint pendant long-temps la correspondance la plus exacte avec Leibnitz; et c'est ce que j'ai vérifié moi-même, en 1760, chez un conseiller au parlement d'Aix, à qui les précieux manuscrits de cet homme illustre avoient passé, sans doute, par héritage.

J'étois trop jeune, dans ce temps-là, pour demander au propriétaire insouciant de ce trésor littéraire, de me permettre d'en faire l'exploitation; ce qu'il m'eût accordé sans peine: mais je n'y ai jamais songé depuis, sans éprouver les plus vifs regrets de n'être plus à portée de me livrer tout entier à une aussi grande et aussi utile entreprise.

Mais je doute que les manuscrits de *Peiresc* existent encore: car, à l'époque dont je viens de parler, ils étoient dans un tel désordre et si mal soignés, qu'il ne seroit pas étonnant, qu'il n'en restât pas le moindre vestige.

Je me souviens très-bien, que sa correspondance avec Leibnitz rouloit principalement sur les langues, et que les lettres respectives de ces deux grands hommes auroient pû former un recueil très-considérable.

Les mots ne sont pas aussi arbitraires qu'on le pense communément. Rien n'est par hazard dans le monde; et si nous jugeons différemment, ce n'est que parce que nous en ignorons les causes.

Tout, dans les langues, semble d'abord arbitraire, ou l'effet du caprice et du hazard; et cette fausse opinion fut toujours celle des esprits superficiels et frivoles, qui sont incapables de rien approfondir. Cependant, en examinant les choses de près, on trouve presque partout l'empreinte de la raison et de la philosophie; et le langage de tous les peuples, bien analysé, nous en fourniroit également la preuve.

Un nouvel objet s'offre à l'homme; et il est question de le représenter par un mot, qui en réveille l'idée ou le souvenir dans l'ame d'autrui. Que fait le génie de l'observateur, ou, si l'on veut, le simple instinct du peuple? Il consulte l'analogie; il rapproche cet objet de ceux de la même espèce qu'il connoît déjà; et il en crée le signe représentatif, qui convient à sa destination ou à sa nature, en lui donnant la forme, que lui assigne la classe, dans laquelle il doit être rangé.

Le peuple, dans cette création, ne fait que suivre une sorte d'impulsion machinale; et ses expressions nouvelles ont rarement une forme agréable. Mais quand, ensuite le philosophe est forcé lui-même de les adopter; il les épure, les perfectionne d'après les lois du goût et des convenances; il les assortit au génie de la langue.

Il en est de même, de tous les termes abstraits et métaphysiques, qui sont destinés à rendre nos sentimens, ou les conceptions, soit simples, soit complexes, de notre esprit. On y reconnoît toujours le trait caractéristique, qu'imprime la philosophie à tout ce qu'elle produit.

Or, comme la langue allemande semble approcher de l'origine, beaucoup plus que d'autres idiomes, on y peut chercher plus sûrement les mots primitifs et originaux.

Deux choses doivent engager les savans allemands à s'occuper de leur dictionnaire étymologique. La première, c'est que, leur langue étant l'une des plus anciennes parmi les modernes, il est possible qu'on puisse remonter par elle jusqu'à la plus haute origine des différentes langues qu'on parle en Europe; et la seconde, c'est que cette même langue est peut-être celle de toutes, qui ressemble le plus à ce qu'elle fut dans sa naissance, et dont l'art ou la philosophie a le moins altéré les traits primitifs.

Je ne prétends pas, qu'en cela elle soit préférable à une langue polie, épurée, perfectionnée, et dans la contexture de ses mots, et dans sa syntaxe: je ne veux que dire, que ses défauts même peuvent servir à faire mieux reconnoître, non seulement ce qui a donné lieu à la création des mots dont elle est composée, mais encore les divers emprunts que les autres peuples ont faits chez elle.

Leibnitz a donc eu raison de conclure, que ceux qui réussiront dans l'entreprise du dictionnaire dont il s'agit, assureront la gloire de leur propre nation, et rendront le service le plus essentiel à toutes les autres.

Le dictionnaire allemand, que nous avons nommé trésor de la langue, demande des hommes solidement savans dans la physique naturelle, la botanique, la chimie, la connoissance des diverses espèces d'animaux, les mathématiques, les différentes parties de l'architecture, des métiers, des manufactures, du commerce, de la navigation, la connoissance des métaux.

Il n'est aucune science, aucun art, aucune profession, qui n'ait une infinité de mots, presque entiérement consacrés à son usage. Jamais homme ne sera assez savant, pour se les rendre familiers: mais une société d'hommes habiles en chaque genre, peut parvenir à en former le recueil, et à déterminer leur valeur. Il ne faut que du travail et de la patience pour une compilation, quelle qu'elle soit: il faut, au contraire, bien de l'instruction et de la philosophie, quand il est question de fixer les idées qu'on doit attacher à une immense nomenclature; et si la plûpart des compilations sont absurdes et dégoûtantes, c'est que ceux qui les font, manquent, ordinairement, de lumières, de discernement et de goût.

Comme chacun de ces savans en particulier ne pourroit posséder à un haut degré toutes les sciences ci-dessus énoncées, tous ensemble devroient comparer souvent leurs propres notions.

Diderot[37], l'un des éditeurs de l'encyclopédie, osa se charger, pour ce grand ouvrage, de la rédaction de tous les articles relatifs aux arts et métiers, quoique n'ayant alors en ce genre que ces notions générales, qui sont communes à tous les gens de lettres.

Jamais entreprise plus extraordinaire, ni plus téméraire peut-être. Quel courage, ou quelle présomption, ne suppose-t-elle pas dans celui qui put la former! A combien de recherches et de travaux, ne dut-il pas se livrer pour remplir sa tâche? Mais les Diderot ne se rencontrent que bien rarement dans le monde; et de pareils exemples, d'ailleurs, sont bien plus difficiles à suivre qu'à admirer.

Il faudroit que, pour chaque science, pour chacun des arts et métiers, quelques hommes habiles et expérimentés recueillissent les *termes techniques*, d'après un plan convenu entr'eux, et qu'ensuite, comme le dit Leibnitz, ils se réunissent pour en fixer exactement la valeur.

Nous avons déjà plusieurs traités allemands de diverses professions et de plusieurs différens arts: on pourroit les compléter, et les faire servir à notre dessein; et le génie curieux des François et des Anglois nous fourniroit, tantôt des secours réels, et tantôt des occasions à la nouvelles recherches.

Toutes les nation ont plus ou moins produit d'ouvrages de cette espèce: car, la connoissance des arts est trop intéressante, trop utile, trop honorable, pour jamais être entiérement négligée chez les peuples civilisés.

Mais aucune nation ne s'est encore autant distinguée que la nation françoise. Quel monument immortel que celui qu'élève l'Académie des sciences de Paris depuis bien des années! Et qu'il est à souhaiter, que cette société célèbre puisse compléter sa *collection des arts et métiers!*

Les Allemands ont déjà traduit quelques-uns des ouvrages qui la composent. Il leur importe de continuer ce travail: c'est le moyen le plus sûr d'accroître les lumières de leur nation, et de répandre de plus en plus dans les différens Etats de l'empire, l'esprit du commerce et de l'industrie.

Voilà les sources abondantes où nos académiciens doivent aller puiser.

Plusieurs mots, devenus familiers, ont été empruntés des arts même: au moins, ils en ont reçu une certaine signification, dont la cause est inconnue à ceux, qui n'ont aucune idée de ces arts ou professions.

Il est incontestable, que beaucoup de mots d'arts ont passé dans la langue commune; et, par conséquent, que pour bien sentir leur valeur, il est bon d'avoir quelques notions générales et particulières des arts eux-mêmes.

Je dis donc, que ces sortes d'expressions doivent être également rassemblées dans le *lexicon* et dans le *trésor de la langue.* Elles seront comprises dans le premier, puisqu'elles sont maintenant de l'usage le plus commun; et dans le second, puisqu'originairement *techniques*, elles le sont encore par l'emploi que les arts continuent d'en faire.

En France, parmi les gens de qualité, j'ai connu des personnes, qui se faisoient un mérite (et c'en est un très-grand en effet), de ne parler de toutes choses qu'en termes de l'art: en témoignant leur estime pour les arts, ils prouvoient qu'ils n'y étoient pas ignorans.

Il n'a jamais été plus vrai, ni mieux démontré que de nos jours, que c'est un *mérite réel* de savoir la langue des arts; et qu'augmenter les moyens d'instruction à cet égard, c'est servir les lettres et la société.

Dans des siècles demi-barbares, on ne sent la nécessité d'étudier que ce qui tient à la profession qu'on a embrassée; on avoueroit sans pudeur son ignorance dans tout le reste. Eh! quelle honte pourroit atteindre un homme, au milieu d'Etres qui lui ressemblent et qui valent souvent moins que lui?

Mais dans des temps, comme les nôtres, où l'on a tant de secours pour s'instruire, où les bons livres se multiplient à l'infini, où toutes les connoissances sont presque aussi profondes qu'universelles, il ne suffit pas de posséder les objets particuliers, auxquels on s'est spécialement consacré: il faut encore réunir une foule d'autres connoisances moins essentielles, ou moins liées à l'état dont on a fait choix.

D'ailleurs, il en est du monde littéraire, comme du monde physique et moral: tout s'y enchaîne; rien n'y est entiérement isolé; de sorte qu'on n'est jamais parfaitement éclairé, en quelque genre que ce puisse être, si l'on n'a puisé toutes ses lumières que dans la même source.

Si on venoit à introduire cette pratique en Allemagne, et à l'observer avec attention, avec exactitude, outre que cela satisferoit souvent la curiosité, on inspireroit aussi par-là du génie pour les sciences; on porteroit dans les esprits plus d'ouverture, et plus d'envie de connoître les objets.

Ce passage ne prouve que trop, que ce n'est pas d'aujourd'hui que date la méthode des Allemands de se borner presque exclusivement à l'objet particulier de leur profession; et ce qu'il y a de plus fâcheux, c'est que, dès leur plus tendre jeunesse même, ils se renferment dans ces étroites limites. Chez eux, les études, qui se rapportent uniquement au développement de l'esprit et au progrès du goût, sont très-superficielles et de très-courte durée, ainsi que je l'ai ci-devant observé.

En entrant dans un collége, ils savent d'avance ce qu'ils deviendront: ils ont en perspective l'état, auquel on les destine; et tout ce qui lui est étranger ou qui n'y tient que de très-loin, les intéresse peu. Ils paroissent ne pas sentir, qu'avant d'être hommes de loi, administrateurs de finances, médecins, anatomistes, chimistes, botanistes, mathématiciens, il faut avoir long-temps cultivé ses talens naturels, formé son intelligence, perfectionné son jugement.

Ce que je dis est si vrai, que, depuis 20 ans que je suis à Berlin, j'ai vû une infinité de jeunes gens faire des cours suivis dans différentes sciences, et jamais aucun dans la littérature et dans les beaux-arts.

Mais il est temps de revenir à ce qui est requis dans une langue, relativement à son usage commun; objet principal, auquel ont visé d'abord la Crusca et l'Académie françoise, et auquel, en effet, on doit principalement viser, surtout quand il n'est question ni d'origine ni d'antiquité, ni de notions secrètes pour les sciences et les arts, mais simplement de la vie sociale et du commerce des hommes. C'est en quoi paroîtroit l'abondance, la pureté et la clarté de la langue allemande; trois qualités également nécessaires à un idiome.

Après avoir exposé ses idées sur la composition des trois sortes d'ouvrages, qu'exigeroit l'amélioration de la langue allemande, Leibnitz établit quelques principes sur les qualités les plus essentielles à tout idiome, savoir, *l'abondance*, la *pureté* et la *clarté.*

L'abondance ou la richesse est ce qu'il y a de plus nécessaire dans une langue. Elle consiste, en ce qu'il y ait plutôt trop que trop peu de mots justes et énergiques, dont on puisse se servir en tout événement, pour représenter chaque chose avec force et propriété, et pour peindre les idées au naturel.

Il est rare de trouver un peuple, qui n'ait pas la prétention, que *l'abondance* est une qualité distinctive de sa langue. Quelle en est la raison? C'est que cette *abondance* prouve trois choses: la première, qu'on a du génie; la seconde, qu'on possède des connoissances aussi étendues que variées; et la troisième, que, dans les sciences et dans les arts, on est fort au dessus des nations rivales.

Mais à ce sujet, j'ai plusieurs remarques à faire.

D'abord, est-il bien vrai, que l'abondance soit toujours, dans les langues, une richesse dont on doive se glorifier? Je ne crains pas d'affirmer le contraire.

Voyez un peuple, qui sort à peine de la barbarie, dont les lumières ne peuvent être encore ni très-vastes, ni fort étendues, qui enfin est très-éloigné de l'état de parfaite civilisation: il compose son langage de tous les mots, que son imagination lui présente; et soit qu'il veuille peindre les nouveaux objets qui s'offrent à ses regards ou à sa pensée, soit qu'il s'efforce de rendre les différens mouvemens qui l'agitent, les divers sentimens dont il est pénétré; il ne met aucun choix dans ses expressions; il les multiplie au gré du hazard et des circonstances. Mais ce n'est pas là ce qu'on peut appeler une *langue riche.* Horace disoit:

> omne supervacuum pleno de pectore manat;

Et Despréaux[38]:

> souvent trop d'abondance appauvrit la matière.

En second lieu, les progrès des arts et des sciences sont tels aujourd'hui en Europe, que toutes les langues qu'on y parle, sont, à peu de chose près, également propres à tout exprimer; et si chaque nation se persuade, que sa langue est la plus riche, c'est qu'on a infiniment plus de facilité à produire ses idées dans l'idiome, qu'on parle depuis son enfance, et dans lequel on est accoutumé de penser, qu'on n'en peut acquérir par le travail et par l'exercice dans un idiome étranger.

Ainsi, un Allemand, qui a appris le françois, trouve toujours que sa langue a bien plus d'abondance que la langue françoise, puisque les mots se présentent toujours d'eux-mêmes, quand il s'énonce en allemand; et qu'au contraire il court bien souvent après eux inutilement, quand il veut s'exprimer en françois.

Sur ce point donc, tous les peuples se laissent aveugler par leurs préjugés; et quel que soit leur desir d'être justes et impartiaux, ils ne le sont presque jamais.

En troisième lieu, il y a telle abondance, qui convient à une langue, et qui ne convient pas à une autre; parce que les mœurs de la nation, qui parle celle-ci, repoussent certaines expressions, que l'usage admet chez le peuple, qui parle la première.

Les Latins, par exemple, dénommoient les objets les plus bas, les plus dégoûtans; au lieu que les François, toutes les fois qu'ils sont obligés d'en énoncer de pareils, recourent à des périphrases, à des circonlocutions, à des descriptions, pour se dispenser d'employer les mots propres; et cette différence dans la manière de s'expliquer, vient de la différence même, qui existe dans les mœurs des deux peuples.

> Le latin, dans les mots, brave l'honnêteté,

dit Boileau:

> mais le lecteur françois veut être respecté.
> Du moindre sens impur la liberté l'outrage,
> si la pudeur des mots n'en adoucit l'image.

Les François (il faut en convenir) ont porté beaucoup trop loin leur délicatesse; et si leur langue a plus de noblesse, de dignité, de décence, que la plûpart de nos langues modernes, elle est, d'un autre côté, moins riche et moins abondante, que plusieurs d'entr'elles.

Mais, en ce genre, comme en bien d'autres, souvenons-nous du précepte d'Horace:

> est modus in rebus: sunt certi denique fines,
> quos ultra citraque nequit consistere rectum.

Il est tel peuple, chez qui l'abondance des mots est plutôt un vice qu'une vertu; puisqu'elle suppose de la dégradation dans ses mœurs, et qu'il vaut encore mieux être pauvre que licencieux.

Du reste, je suis de l'avis de Leibnitz, quand il dit que *rien n'est plus nécessaire à une langue que l'abondance*; et cette assertion, prise en général, est incontestable. Mais il faut que cette abondance résulte de la multiplicité et de la variété de nos connoissances, et non d'une certaine bizarrerie de notre esprit, qui, pour faire preuve de sa fécondité, et pour étaler sa richesse, crée une foule de mots inutiles, là, où un seul suffiroit pour peindre l'objet ou le sentiment.

Tout, dans les langues, doit être désigné par un nom spécifique, et qui lui soit tellement propre, qu'on ne puisse en faire une autre application, si ce n'est en sens figuré, sans tomber dans l'équivoque. Des mots, qui servent indifféremment à plusieurs usages, répandent de la confusion et de l'obscurité dans le discours: on n'en saisit la vraie valeur, qu'en les combinant avec ce qui les suit ou ce qui les précède; et l'esprit éprouve alors une sorte d'embarras, de gêne, de torture, qui, à la longue, le distrait, le lasse, le rebute.

Cela ne doit pas empêcher, néanmoins, d'ajouter, autant qu'on le peut, au nom propre de chaque objet, des mots *descriptifs*, c'est-à-dire, qui le représentent, soit dans ses facultés, soit dans ses mœurs, soit dans son extérieur: car, de pareils mots contribuent souvent beaucoup à l'élégance, à l'agrément du style; non seulement, parce qu'ils font éviter les fréquentes répétitions des mots propres; mais encore, parce qu'ils fixent l'attention des lecteurs ou des auditeurs sur ce que ces objets ont de particulier et de caractéristique.

Par exemple: le mot latin *agnus* est le nom propre, qui désigne l'agneau; et si, parlant en sens naturel, je donne ce même nom à un autre animal, on ne m'entend plus.

Mais il est question, dans une fable que je compose, de mettre en opposition le loup et l'agneau; et comme ce dernier, victime de l'injustice et de la voracité du premier, est celui, qui doit exciter tout l'intérêt de mes lecteurs, je suis obligé de parler de lui, ou de le faire parler lui-même, à plusieurs reprises.

Que fais-je, pour me dispenser de reproduire sans cesse le nom *agnus?* J'invente un mot *descriptif*, qui lui convienne.

Or, ce qui frappe d'abord mes regards, quand je vois un agneau, c'est la laine dont il est couvert: et cette douce enveloppe est, pour ainsi dire, l'image de la douceur de son caractère.

Je crée donc un mot très-utile, si, au nom propre *agnus*, je joins le mot descriptif *laniger*, mot composé de ceux-ci: *lanam gerens*, l'animal *portant laine*.

Le mot *homme* est un mot générique et appellatif, qui embrasse également les deux sexes de l'espèce humaine; et c'est, peut-être, dans tous les genres d'écrire, la dénomination, qui reparoît le plus fréquemment: mais, à force de se produire, presque à chaque instant et partout, elle a perdu une partie de sa noblesse.

Qu'a-t-on fait, soit pour varier son élocution, soit pour ennoblir son style?

Tantôt, on a remplacé ce mot *homme* par l'énonciation de la qualité distinctive de *l'homme* qui est la raison; et au lieu de dire tout simplement *l'homme*, on a dit *l'Etre raisonnable.*

Tantôt, on a envisagé l'homme du côté de *la mortalité* qui l'attend; et au lieu de dire *les hommes*, on a dit *les mortels*.

Cette expression a paru plus relevée par cela même qu'on s'en sert moins souvent; on l'a donc affectée presque exclusivement aux genres, oratoire et poétique; et quoique, dans l'un, comme dans l'autre de ces deux genres, on dise toujours avec noblesse *les hommes*, il est bien des occasions, cependant, où l'expression, *les mortels*, figure avec infiniment plus d'avantage.

Tels sont les vers suivans de M. de Voltaire:

> *Les mortels* sont égaux: ce n'est point la naissance,
> c'est la seule vertu, qui fait leur différence.
> Il est de ces *mortels*, favorisés des Cieux,
> qui sont tout par eux-même, et rien par leurs ayeux.

Les Allemands font beaucoup valoir leur abondance; et je crois qu'en effet ils sont plus fondés à former cette prétention, que la plûpart des nations modernes. Mais, par rapport à leurs mots *descriptifs*, ils sont tombés dans un défaut, que les étrangers, surtout, ont de la peine à supporter: c'est que, les composant presque toujours de plusieurs, ils en ont créé une multitude d'une longueur d'autant plus fatigante et désagréable, que, suivant le génie de leur langue, les articulations y sont très-nombreuses, et les voyelles extrêmement rares.

C'est en traduisant de bons livres, qu'on trouve la pierre de touche de l'abondance ou de la stérilité d'une langue, à mesure qu'il se présente plus ou moins de facilité à traduire.

L'observation me semble très-juste. Mais, avant que de décider, si la langue, dans laquelle on traduit, est réellement *abondante* ou *pauvre*, il faut examiner, quels sont les talens et les connoissances du traducteur, et quelle est l'espèce d'ouvrage qu'il a entrepris de traduire: car, sans cela, on risque de ne porter que de faux jugemens.

Je remarque d'abord, que, chez toutes les nations éclairées, les gens de lettres, qui ont assez de génie et assez de lumières pour enfanter des productions originales, consacrent rarement leur temps à des traductions. Ils regardent cette occupation comme trop au dessous d'eux; et, quoiqu'il n'y ait peut-être pas moins de mérite à bien traduire, qu'à faire soi-même un bon ouvrage, ils préferent presque tous le rôle d'auteurs à celui de simples traducteurs.

Ce dernier n'est guères embrassé que par des homme médiocres, ou par des mercenaires, qui ne travaillent que par besoin; et de-là vient, que nous avons si peu de traductions excellentes et dignes d'être citées.

On n'a qu'à jeter un coup-d'œil sur ceux de nos traducteurs françois, qui nous ont fait connoître les meilleurs écrivains de l'antiquité. En trouvera-t-on beaucoup qui se soient élevés au niveau des grands modèles dont ils ont fait choix? On rend justice, par exemple, à l'érudition des Dacier[39], des Des-Brosses[40] et des Bouhier[41]; à l'exactitude et à la correction des Patru[42], des d'Ablancours[43], des Des-Fontaines[44], des d'Olivet[45]; à la fidélité et à l'élegance des Batteux[46], des La-Baumelle[47], des Guérin[48], des Gedoyn[49], des Auger[50], etc. Mais combien ces traducteurs, et leurs pareils, ne sont-ils pas inférieurs aux historiens, aux orateurs, aux poétes anciens, qu'ils ont traduits, et dont ils ont cru, peut-être, avoir fait passer toutes les beautés dans notre langue?

Pour réussir complètement en ce genre, il ne suffit pas d'être érudit, de connoître sa langue et celle de laquelle on traduit, d'avoir même un style épuré: il faut encore posséder tous les talens relatifs au genre, auquel appartient l'ouvrage qu'on veut traduire, et, surtout, avoir l'esprit, le goût et le génie de son modèle.

Or, toutes les fois que ces différentes conditions ne se réunissent pas dans un traducteur, il est impossible qu'il ait les mots de sa langue à sa disposition. Il peut entrevoir la pensée de son auteur: mais il est embarassé, pour la rendre avec énergie et fidélité; et la langue lui paroît nécessairement stérile et peu abondante.

Je remarque, ensuite, qu'il est des écrivains et des ouvrages, qui sont intraduisibles; et ce sont ceux, dont les beautés, bien plus faites pour être senties que pour être analysées, tiennent à la finesse, à la délicatesse de la diction, ou à de certaines tournures, qui appartiennent exclusivement à la langue.

Tel est La-Fontaine dans le plus grand nombre de ses fables. Il a bien pû lui-même traduire parfaitement celles d'Esope, parce que celui-ci ne mettoit dans ses discours que force et vérité. Il a dû rencontrer plus de difficulté à remanier celles de Phèdre, parce que le fabuliste latin est infiniment plus orné et plus gracieux que le grec. Mais, à son tour, il a su répandre dans ses propres productions, tant de sel, tant d'enjoûment, tant de choses originales, qu'en quelque autre langue que ce puisse être, un fabuliste du même génie que lui, et qui ne lui seroit inférieur en rien (s'il étoit possible qu'il existât), ne parviendroit peut-être jamais à le rendre fidellement:

> sudet multum, frustraque laboret,
> ausus idem.

Dans ces sortes de cas encore, il ne faut pas accuser sa langue de pauvreté: il faut seulement reconnoître, que chaque idiome a ses propriétés, ses avantages particuliers, et qu'on ne sauroit compenser dans un autre que par des équivalens.

Je remarque, enfin, qu'on ne voit presque jamais les traducteurs consulter leurs forces et leurs talens, dans le choix des ouvrages qu'ils veulent faire connoître à leur nation; et qu'à cet égard les méprises sont encore plus fréquentes chez eux, qu'elles ne le sont chez les écrivains qui travaillent d'après leurs propres idées.

Ceux-ci peuvent bien embrasser des genres, qui ne soient analogues, ni à leurs dispositions naturelles, ni à leurs études; ou traiter des sujets, qui soient au dessus de leur foible génie. Tel auteur, par exemple, écriroit avec succès en prose: il passe sa vie à faire d'insipides poëmes et de mauvais vers. Tel autre excelleroit peut-être dans le genre simple ou gracieux: il a la vaine ambition de se signaler dans le genre sublime, auquel il ne peut s'élever: s'il est versificateur, il compose des odes, des tragédies, des épopées: s'il n'est que prosateur, il fait des panégyriques, des oraisons funèbres, des harangues politiques.

De là, cette foule d'écrivains ridicules et dont les productions, dit Boileau,

> ne font de chez Sercy qu'un saut chez l'épicier:

Car, comme l'observe judicieusement ce même poëte, dans son art poétique

la nature fertile en esprits excellens,
sait entre les auteurs partager les talens.
L'un peut tracer en vers une amoureuse flamme;
l'autre, d'un trait plaisant aiguiser l'épigramme.
Malherbe[51] d'un héros peut vanter les exploits;
Racan[52], chanter Phylis, les bergers et les bois.
Mais souvent un auteur qui se flatte et qui s'aime,
méconnoît son génie, et s'ignore soi-même.
Ainsi, tel autrefois qu'on vit, avec *Faret*[53],
charbonner de ses vers les murs d'un cabaret,
s'en va, mal-à-propos, d'une voix insolente,
chanter du peuple hébreu la fuite triomphante;
et, poursuivant Moyse au travers des déserts,
court, avec Pharaon, se noyer dans les mers.

Mais combien les traducteurs ne sont-ils pas plus souvent dans le cas de se faire illusion? Il n'y a pas de si mince littérateur, qui, pour avoir appris passablement sa langue, et médiocrement le grec et le latin, ou quelques langues étrangères, ne se croie en état de bien rendre les ouvrages même les plus difficiles, et les moins analogues à ses talens?

En effet, par quels hommes ont été traduits, presque toujours, les plus illustres écrivains de l'ancienne Grèce et de Rome? leurs philosophes, leurs historiens, leurs orateurs, leurs poëtes surtout, sont, pour la plûpart, méconnoissables, dans les traductions que nous en avons, tant elles sont insipides et plates. Nous ne possédons guères que de misérables copies des plus parfaits originaux; et dans la foule innombrable de nos traducteurs, à peine en compterions-nous quelques-uns, qu'un homme de goût puisse lire.

Or, tout homme de lettres, qui, au lieu d'adapter à ses talens et à ses connoissances acquises, l'ouvrage qu'il veut traduire, ne s'y détermine que par caprice, par intérêt, au gré du hazard et des circonstances, doit nécessairement éprouver la même stérilité d'idées et d'expressions, que tout autre écrivain, qu'écrase le poids du sujet et du genre, qu'il a témérairement embrassés.

Aussi Horace, dont tous les préceptes sont autant d'oracles du bon-sens et du goût, disoit aux Pisons:

sumite materiam vestris, qui scribitis, æquam
viribus; et versate diu, quid ferre recusent,

quid valeant humeri: cui lecta potenter erit res,
nec facundia deseret hunc, nec lucidus ordo.

Je pense, que la langue la plus riche et la plus commode est celle, où l'on réussit le plus aisément dans une traduction de mot-à-mot, et où l'on peut suivre pas-à-pas son original.

Cette vérité est évidente. La richesse d'une langue consiste à pouvoir tout énoncer et tout exprimer par dénomination spécifique, ou, si l'on veut, individuelle; et la pauvreté, à être forcé de décrire, faute de pareille dénomination.

C'est donc, en traduisant littéralement un ouvrage, qu'on peut s'assurer, si la langue abonde en termes propres; ou si, pour bien rendre l'original, elle a besoin de recourir à des descriptions, à de certains détours, qui suppléent, par des équivalens, les expressions énergiques dont elle manque.

La pureté de la langue, à l'égard du discours, aussi-bien que de l'écriture, consiste en ce que les mots et les phrases en soient allemands, et que la grammaire, la construction et la syntaxe y soient exactement observées.

Leibnitz exige, pour la pureté de la langue:

I°. que *les mots soient allemands.* Sa pensée n'est pas, que toutes les expressions doivent être puisées dans le fond de la langue; mais qu'elles soient conformées selon son génie particulier. Il proscrit, et avec raison, tous les termes étrangers, qu'une légère altération n'a pas assimilés, plus ou moins, aux mots indigènes.

J'ai établi les mêmes principes, au commencement de cet ouvrage.

II°. Que *les phrases soient aussi allemandes.*

Les Langues se divisent en deux classes, en *analogues* et en *transpositives.*

Dans les *analogues*, le subjectif est à la tête de la phrase: ensuite, vient l'attributif. L'objectif se place naturellement après ce dernier: le terminatif, le circonstanciel et l'adjonctif sont un peu moins fixes. Mais si l'arrangement de ces divers membres constructifs n'est pas toujours invariable, on peut dire, au moins, que, dans ces sortes de langues, c'est l'ordre naturel des idées qui est toujours suivi.

Dans les *transpositives*, au contraire, cet ordre naturel des idées est sacrifié à leur degré d'importance; c'est-à-dire, que les mots sont distribués, dans la phrase, de manière à fixer l'attention, d'abord, sur ceux qui sont les plus intéressans dans la circonstance actuelle, et ensuite, sur ceux qui le sont le moins.

Par cela même, et tous autres avantages d'ailleurs égaux ou compensés, les premières doivent être plus propres aux ouvrages de raisonnement et de philosophie; et les secondes, à l'éloquence et à la poésie.

La langue françoise est *analogue*; et l'allemande, *transpositive.* Mais quoique leur marche soit généralement déterminée par leur nature, il est bien des occasions, où elles s'en écartent. Lisez les orateurs et les poëtes françois, par exemple: partout, chez eux, vous trouverez des inversions, où l'on reconnoît à peine le génie de la langue.

Il n'est pas moins vrai, cependant, que, dans les langues *transpositives*, comme dans les *analogues*, on ne doit que le moins qu'on peut s'écarter des procédés, qui constituent essentiellement leur différence; et qu'afin que les *phrases soient allemandes*, et, par conséquent, conformes aux lois de la pureté, il faut que les mots n'y occupent jamais (à quelques exceptions près) que le rang et la place, que leur assigne le génie des langues *transpositives*, dont l'allemande fait partie.

III°. Enfin, que *la grammaire y soit exactement observée.*

Un auteur peut être fécond en idées brillantes, en beaux sentimens, en pensées intéressantes; avoir même des grâces et des tournures ingénieuses. Mais ces qualités, quoique précieuses, ne suffisent pas pour assurer sa gloire, et pour faire passer son ouvrage à la postérité: il faut qu'il y joigne la correction grammaticale. Despréaux l'a dit avant moi:

> sans la langue, en un mot, l'auteur le plus divin
> est toujours, quoiqu'il fasse, un méchant écrivain.

Quant aux mots, il faut se garder d'en employer, qui ne soient décens, agréables, clairs, intelligibles, et tout-à-fait allemands.

Tout peuple se caractérise par son langage. S'il use de termes grossiers, si ses discours font rougir la pudeur, si les images, sous lesquelles il peint les objets physiques et les sentimens, allarment l'innocence et la vertu; ou il est encore barbare, ou bien près d'être replongé dans la barbarie par la dégradation de ses mœurs.

On peut être, sans doute, fort corrompu, et s'exprimer en tout avec décence; mais la retenue, la circonspection en ce genre, produite par le respect humain, prouve au moins la civilisation et les lumières; et c'est dans ce sens, que La-Rochefoucault[54] disoit, que *l'hypocrisie est un hommage que le vice rend à la vertu.*

On ne peut, au contraire, être indécent dans son langage, et n'avoir pas les mœurs corrompues; et, conséquemment, on doit espérer, que nos philosophes allemands, en s'occupant de l'amélioration de leur langue, banniront, avec le plus grand soin, de leur vocabulaire, toutes les expressions obscènes et basses.

Il leur importe d'autant plus de se pénétrer de la nécessité de cette suppression, que, comme les mœurs influent sur le langage, le langage, à son tour, n'a pas moins d'influence sur les mœurs elles-mêmes. Qui doute de cette vérité? Ne nous est-elle pas démontrée par l'expérience? Si donc une nation doit travailler sans cesse à corriger ses mœurs, elle n'est pas moins intéressée à épurer son langage.

Les mots, suivant Leibnitz ne doivent pas seulement être *décens*: il faut encore qu'ils soient *agréables*.

En quoi consiste cet agrément? A peindre les objets, les idées, les sentimens, sous les diverses couleurs qui leur conviennent, tantôt par des sons doux, harmonieux, éclatans, et tantôt par des sons âpres, rudes et discordans; quelque-fois par la légéreté, la vivacité, la chaleur, et quelquefois par la pensanteur, la pompe et la majesté, dont ils sont susceptibles.

Mais c'est ici que les langues different le plus les unes des autres: elles sont nées de la nécessité; et partout, elles portent l'empreinte et la marque de leur origine.

Les peuples septentrionaux, envers qui la nature est si avare, et qu'elle prive de la plûpart des avantages qu'elle prodigue dans des climats plus fortunés, ne sauroient avoir des organes fort délicats. Ils éprouvent une foule de besoins toujours renaissans, et ne parviennent à les satisfaire, qu'à force de travail, de peine, de lassitude. Ils parlent donc bien moins qu'ils ne crient; et leurs langues sont aussi âpres et dures, qu'elles sont bruyantes.

Les peuples méridionaux, au contraire, ont des passions, plutôt que des besoins; ou, pour parler plus exactement, ils ne connoissent de besoins, que ceux, que produisent leurs passions elles-mêmes. La nature fait tout pour eux; et les inflexions de leur voix sont nécessairement douces et touchantes, comme doivent l'être tous les mouvemens de leurs ames dans le sein de toutes les jouissances.

Les premiers, dit J.J. Rousseau, sont *faciles à irriter: tout ce qu'on fait autour d'eux, les inquiète. Leur tempérament irascible se tourne en fureur contre tout ce qui les blesse. Ainsi, leurs voix les plus naturelles sont celles de la colère et des menaces.* Comment leurs langues ne seroient-elles pas sourdes, rudes, articulées, criardes et monotones?

Les seconds, ajoute ce grand homme, *sont tendres et voluptueux; et la même différence se fait remarquer dans leurs langues: elles sont vives, sonores, accentuées*; mais foibles quelque-fois, et souvent sans couleurs.

Telle est l'influence du climat sur les langues en général. C'est aux philosophes à perfectionner leurs avantages naturels, et à corriger, du moins en partie, ce qu'elles ont reçu, des mêmes causes physiques, de défectueux et de désagréable.

Les Allemands ont le droit de vanter la leur, sous plusieurs rapports: mais à quels efforts ne doivent-ils pas se livrer, s'ils veulent réussir à lui faire perdre cette rudesse, cette âpreté, cette dureté rebutante, qui, peut-être, la caractérise plus que toute autre langue du Nord?

Leurs mots ont peu de voyelles, et beaucoup de consonnes: les articulations gutturales, surtout, y sont très-nombreuses.

Ils ne peuvent donc donner que des sons foibles et confus: l'organe ne peut jamais les rendre avec aisance et volubilité: et comme le sentiment de dureté ou de douceur, dont l'oreille est affectée, dépend du passage pénible ou facile de l'un à l'autre des mouvemens variés, que l'organe exécute, ils ne sauroient avoir aucune espèce de mélodie.

On me dira »qu'il est des écrivains, dont le style est doux, coulant, harmonieux, et beaucoup plus de poëtes encore, dont les vers ont ces qualités au plus haut degré«.

Je réponds que cela peut être; mais qu'alors c'est le génie et le goût des auteurs, qui méritent d'être admirés, et non pas la langue; qu'un petit nombre d'exceptions ne détruit point une vérité générale; et que, de même que la fréquence des voyelles rend la langue italienne, par exemple, très-susceptible de mélodie, celle des consonnes dans l'allemande nuira toujours à la douceur qu'on voudroit lui donner.

»Une langue (dit M. Marmontel)[55], qui n'a que des syllabes âpres et fermes, a le défaut d'un monocorde: c'est de la variété des voyelles et des articulations, que dépend la fécondité d'une belle harmonie«.

La troisième qualité, que Leibnitz requiert dans les mots, c'est *qu'ils soient clairs*; et c'est assurément l'une des plus essentielles.

Mais, pour bien déterminer, en quoi consiste la *clarté des mots*, il est nécessaire de les diviser en leurs différentes classes.

Ceux, qui servent à exprimer les objets de la nature, sont *clairs*, lorsqu'ils réveillent nécessairement l'idée de ces objets dans l'ame d'autrui.

Il faut pour cela, qu'ils ne soient point applicables à plusieurs choses individuelles in même temps (car autrement ils seroient équivoques); et que l'usage les ait si bien établis dans la langue, que les ignorans seuls puissent en méconnoître l'emploi.

Ceux, qui sont destinés à exprimer les objets moraux et les différentes abstractions de l'esprit, sont également *clairs*, lorsque leur signification ne varie pas au gré des divers systèmes philosophiques.

Je dois remarquer, que, parmi ceux-ci, il y en a infiniment plus d'obscurs que de *clairs*, dans toutes les langues; qu'il ne regne tant de disputes entre les diverses sectes des philosophes, que parce que la plûpart des expressions, qui leur sont communes, n'ont encore qu'une valeur arbitraire ou indéterminée; et qu'enfin, le langage ne se perfectionnera à cet égard, qu'en proportion des progrès, plus ou moins grands, de la saine philosophie.

Les mots figurés, à leur tour, sont encore *clairs*, lorsque les rapports entre les objets sensibles et nos idées, d'après lesquels est déterminée la translation de ces mots du sens naturel au sens figuré, sont tels, au plus simple aperçu, qu'il est impossible aux autres de ne pas les voir aussi bien que nous.

Mais ici, la *clarté* n'est que relative. Elle doit être naturellement plus vive pour celui qui emploie ces sortes de mots, que pour celui qui les entend. Le coup-d'œil de la passion est prompt et rapide; et à quelque distance que soient, les uns des autres, les objets qui l'excitent, l'homme passionné saisit à l'instant leur ressemblance. Il n'en est pas ainsi de celui, qui ne fait qu'entendre le langage figuré qu'on lui parle: il est froid et tranquille; et, par conséquent, il a toujours besoin d'un peu de réflexion, pour apercevoir avec nettetté le rapprochement des objets extérieurs et de nos idées. De-là, la nécessité de n'user d'expressions figurées, que dans les occasions, où le motif de leur translation du sens naturel est *clair* et sensible.

La quatrième qualité, que demande Leibnitz dans les mots, c'est qu'ils soient *intelligibles*.

Ce précepte n'est rien moins qu'inutile. Un seul exemple suffira, pour en faire saisir l'esprit et le but.

Transportons-nous au temps, où l'on a créé les mots, *urbanité* et *rusticité*. Personne n'ignore aujourd'hui, que le premier désigne cette politesse dans les mœurs, dans les manières, dans les discours, qui caractérise les habitans des villes, et que les hommes, réunis en société, contractent respectivement entr'eux; que le second, au contraire, désigne cette grossiéreté apparente, qui est également la suite nécessaire de la vie de la campagne, où l'on jouit des bienfaits de la nature, sans se mettre en peine de cultiver son extérieur; où l'on est trop isolé, trop indifférent aux divers objets des passions humaines, pour songer aux moyens de plaire; où l'on ne connoît, enfin, ni les lois austères des bienséances, ni les caprices, plus impérieux encore, de l'opinion.

Mais, avant que l'usage eût rendu ces mots familiers, et en eût fixé la valeur précise, qu'ont dû faire les inventeurs, en les faisant passer dans la langue commune? Ils ont dû joindre, au mot *urbanité* celui de *politesse*, et au mot *rusticité*, celui de *grossiéreté*, qui, placés avant ou après ceux de création nouvelle, ne laissent plus aucun doute sur leur signification.

La dernière qualité, que désire Leibnitz dans les mots de sa langue, c'est *qu'ils soient tout-à-fait allemands.*

On interpréteroit fort mal sa pensée, si l'on croyoit qu'il a voulu rigoureusement bannir toutes les expressions étrangères. Un aussi grand homme n'ignoroit pas, que jamais aucune langue n'a été formée que de mots indigènes. Il a voulu dire seulement, qu'on doit éviter avec soin, dans les mots allemands, tout ce qui pourroit leur donner l'apparence et l'air étranger.

J'ai fait plusieurs fois la même remarque; et je ne dois pas me lasser de la répéter, tant les préjugés dominans, à cet égard, peuvent être nuisibles au progrès et à l'amélioration de la langue.

Je suis d'abord d'avis, qu'on n'admette que le moins de mots étrangers qu'il est possible, et seulement quand la plus pressante nécessité le requiert.

C'est ainsi qu'on devroit en user chez toutes les nations. Il n'est, ni sensé, ni honorable, de recourir à ses voisins dans les choses, qu'on peut faire soi-même tout aussi bien; et, en fait de langues, surtout, il n'y a que l'impérieuse loi de l'indigence, qui puisse excuser les emprunts.

Je pense, ensuite, qu'il faut faire une différence entre les auditeurs et les lecteurs. Ce que l'on récite, doit être entendu et compris de tout le monde. Mais quand on écrit pour des savans, pour des magistrats, pour des politiques, on peut se donner une libre carrière.

Il est moins question, dans ce passage, des mots tirés de l'étranger et dont on enrichit sa langue, que des citations, qu'on se permet quelquefois de faire, en récitant ou en écrivant, soit de phrases entières, soit de plusieurs expressions étrangères.

Les prédicateurs, du tems de Leibnitz, remplissoient leurs discours de citations latines. Il proscrit cet usage comme abusif, puisque la plûpart de leurs auditeurs étoient incapables de les entendre. Mais il le tolère dans les écrits, faits pour être lus des savans; et cette distinction est dictée par le bon-sens, et fondée sur les lois éternelles du goût.

Les prédicateurs françois, du siècle même de Louis XIV, ont mérité le même reproche que les allemands. M a s c a r o n[56], dans ses oraisons funèbres, ne se contente pas de citer sans cesse des textes de l'Écriture, et de les parodier en quelque manière: il y fait le mélange le plus bizarre du sacré et du profane; et, chez lui, Horace, Virgile, Ovide, Cicéron, Salluste, Tite-Live, Tacite, figurent bien souvent à côté de Job, d'Isaie, d'Ezéchiel, de St. Matthieu, de St. Jean, et des pères de l'église grecque ou latine. B o s s u e t[57], F l é c h i e r[58], M a s s i l l o n[59], B o u r d a l o u e[60], sont quelquefois tombés eux mêmes dans ce défaut: tant il est difficile aux plus grands génies même de se soustraire entiérement à l'empire des habitudes!

On peut, à la vérité, citer quelquefois dans nos chaires un mot latin ou tiré du latin et d'une énergie singulière: mais il en faut donner immédiatement après l'explication, afin de satisfaire tout l'auditoire.

Leibnitz nous fournit lui-même ici la preuve de la force des habitudes sur les meilleurs esprits. Il étoit accoutumé à voir les prédicateurs, non seulement puiser leurs sujets dans un texte de l'Écriture, mais encore étayer leurs raisonnemens de divers passages des écrivains sacrés; et s'il sentoit l'absurdité d'une pareille méthode, du moins n'osoit-il la faire sentir aux autres.

Pourquoi faut-il un texte à un sermon? Seroit-il plus difficile de proposer son sujet sans cette formule? Je pense, au contraire, qu'elle ne fait le plus souvent qu'embarrasser l'orateur; et que, pour adapter sa matière à son texte, on est presque toujours obligé de prendre des tournures forcées.

Qu'est-il besoin encore de remplir son discours de citations latines? Si elles sont intéressantes, il importe, sans doute, de les traduire avec fidélité, pour les offrir à ses auditeurs; mais est-il nécessaire, après les avoir traduites, de les reproduire dans la langue originale?

Il seroit à souhaiter, qu'en Allemagne et ailleurs, les prédicateurs françois de la religion réformée se défissent enfin de ce mauvais goût: car, chez eux, il est bien plus sensible, bien plus choquant, qu'il ne l'est chez les prédicateurs de la religion catholique. Ceux-ci font usage de la Vulgate, qui n'est pas, j'en conviens, de la latinité la plus élégante ni la plus pure, mais qui, néanmoins, est généralement supportable, surtout pour des hommes peu capables d'apprécier le langage du beau siècle d'Auguste. Ceux-là, de leur côté, se servent d'une ancienne traduction en langue vulgaire, dont le style barbare et gothique contraste fort souvent de la manière la plus singulière avec l'élocution brillante de leurs orateurs; et ces citations littérales n'eussent-elles que ce défaut, mériteroient bien assurément d'être abandonnées. Mais il faut bien du courage pour secouer le joug de la coutume et des préjugés; et comme je l'ai observé au sujet de Leibnitz, les hommes les moins faits pour en être esclaves, sont eux-mêmes réduits à la nécessité de se plier au goût de leurs contemporains, parce qu'ils savent qu'on ne le blesse jamais impunément.

C'étoit autrefois l'usage de se servir d'expressions latines dans les tribunaux; et cet usage ne s'étoit pas seulement introduit en Allemagne.

Il ne regnoit pas moins généralement en France. On lit dans des essais critiques sur le goût, que, lorsque les orateurs du barreau ne pouvoient citer de beaux passages latins, ils s'en dédommageoient *par de petites particules, qui, semées çà et là dans les discours, lui donnoient, selon eux, un éclat et un prix inestimable.*

Voici, dit l'auteur, *comment un avocat commençoit son plaidoyer, en parlant pour sa fille*: »cette fille mienne, Messieurs, est heureuse et malheureuse: heureuse, *quidem*, d'avoir épousé le sieur de la Hunaudière, gentil-homme des plus qualifiés de la province; malheureuse, *autem*, d'avoir pour mari le plus grand chicaneur du royaume, qui s'est ruiné en procès, et qui a réduit cette pauvre femme à aller de porte en porte pour demander son pain, que les Grecs appeloient *ton arton.*«

Dans un siècle comme le nôtre, où la saine raison et le bon goût sont aussi universellement répandus, on a bien de la peine à se persuader, que de pareilles sottises aient pu exister, sans exciter les huées, non seulement des hommes instruits, mais de la populace même la plus ignare et la plus grossière. Cela n'est pourtant que trop vrai; et ce qu'il y a de plus déplorable, c'est qu'en bien des choses, le genre humain ne se montre pas de nos jours sous des aspects plus avantageux. Que de ténèbres ne couvrent pas encore ce bas-monde que nous habitons? A quelles superstitions absurdes ne sont pas encore livrés ces foibles mortels, si fiers de leur vain savoir et de leurs lumières! Sous combien de rapports, enfin, ne sommes-nous pas encore des Etres dégradés et au dessous de la brute! Le génie de l'homme nous étonne quelquefois par sa grandeur: mais, souvent aussi, il nous humilie par sa petitesse.

Aujourd'hui, plusieurs tribunaux et facultés ont adopté la louable coutume de rendre leurs arrêts en allemand, et veulent même que cette coutume soit observée dans tout le cours des procès.

C'est ce qui se pratique à Berlin, et apparemment dans tous les Etats prussiens. Mais je ne vois pas sans surprise, qu'au sein d'une capitale aussi éclairée, on continue toujours d'employer des phrases latines, dans des choses même, qu'il seroit si facile de bien rendre en allemand.

Que, dans une sentence motivée, on rapporte en latin une loi romaine, comme argument en faveur de la décision qu'on a portée; à la bonne heure! mais n'est-il pas ridicule, que, jusques dans les feuilles publiques, où l'on imprime journellement des citations judiciaires, on trouve toujours ce mélange risible du latin et de l'allemand, qu'aucune nécessité ne peut légitimer?

De là résultent deux vérités: l'une, qu'il faut des siècles, pour s'élever au dessus de préjugés dominans ou d'habitudes invétérées; et l'autre, que le pédantisme fut, et sera à jamais, l'un des vices les plus indestructibles des hommes de loi.

Il est très-difficile, pour ne pas dire impossible, de se passer entiérement du latin, du françois et de l'italien, dans les écrits politiques, relatifs aux affaires et aux droits des souverains.

J'ignore, pourquoi Leibnitz ne joint pas le grec aux trois langues dont il fait ici mention: car, en matière de gouvernement et de politique, les auteurs grecs sont ceux, qu'on doit consulter de préférence, et qui ont fourni aux peuples modernes le plus de notions et d'expressions exactes. Ils ont été les maîtres des Latins: c'est la législation d'Athènes, qui fut la base de la législation de Rome: c'est la sagesse de Solon, qui éclaira le sénat romain: ce sont les célèbres orateurs de la Grèce, qui servirent toujours de guides et de modèles à ceux de la république romaine: c'est dans les livres immortels de Platon et d'Aristote, que Cicéron puisa la plus grande partie de son traité *des lois*.

On sait bien, que les Romains ajouterent infiniment aux idées des Grecs sur toutes les parties de la législation: leurs conquêtes, leurs alliances, la diversité des peuples qu'ils soumirent à leur domination, les différentes révolutions qu'éprouva successivement leur gouvernement; toutes ces circonstances concoururent à étendre leurs lumières, et à augmenter le nombre d'expressions nécessaires à la langue de la politique: mais comme ils emprunterent des Grecs la plûpart de leurs mots, c'est toujours à ceux-ci qu'il faut remonter, pour approfondir les maximes et le langage, qui concernent *les affaires et les droits de la souveraineté*.

Quant aux Italiens, je ne nie pas, qu'ils n'aient transmis à toutes les autres nations de l'Europe, ce qu'on a appelé jusqu'ici les *principes de la politique*, et, par conséquent, une grande partie de la langue qui lui est propre: mais j'ose dire, que les livres de cette nation, depuis long-temps dégénérée, et qui ne nous offre plus qu'une bien foible image de son ancienne splendeur, ne sont pas la meilleure des sources, où l'on puisse aujourd'hui puiser.

Les Italiens, il est vrai, ont toujours eu, ils ont même encore, de très-grands hommes dans les matières de législation, d'administration et de droit public. Mais, chez eux, combien de Machiavels[61] pour un Filinghieri[62]! Et combien de sophismes pour une véritable maxime!

Or, quand une nation est, en général, aussi corrompue que l'est celle-ci, dans ses mœurs et dans ses principes, on ne peut emprunter d'elle qu'un langage vicieux et peu digne d'un peuple, qui prend la justice et la vertu pour règles de sa conduite, et la vérité, pour l'unique objet de ses recherches.

Un peu plus de modération à cet égard n'y seroit pourtant pas mal. Au moins, ne faudroit-il pas permettre, que le françois y prît la place de l'allemand, surtout, si ce dernier idiome étoit par hazard plus propre pour y traiter ces grands objets, que le françois, ainsi qu'il me l'a semblé plus d'une fois.

Depuis le ministère du cardinal de Richelieu[63], la France a eu la gloire de faire adopter sa langue par toutes les cours de l'Europe, pour les négociations, les correspondances et les traités; et durant le regne, à jamais mémorable, de Louis XIV, elle l'a vue se répandre de plus en plus dans tous les Etats.

Ce prince sut prendre un tel ascendant sur les autres monarques; il porta si loin l'éclat de son nom et de sa puissance; il fit fleurir à un tel degré de splendeur les sciences et les arts dans toute l'étendue de son royaume, qu'il fixa les regards de toutes les nations sur la sienne, et qu'il rendit la langue françoise la langue universelle de l'Europe et presque de l'Univers.

Partout, les hommes qui se piquerent de politesse et d'éducation, s'empresserent de l'apprendre, de la parler. Les livres françois circulèrent de tous côtés. Il ne fut plus permis d'ignorer un idiome, qui mettoit à portée de lire tant de belles productions, tant de modèles de toutes les sortes; et dans tous les pays éclairés, la classe la plus distinguée de la société devint, pour ainsi dire, toute françoise.

Ajoutous à cela la dispersion de tant de françois, qui, après la révocation de l'édit de Nantes, ont porté leur langue dans les différentes contrées de l'Europe, où l'on a eu la sage politique de les accueillir comme des victimes de l'intolérance et du fanatisme.

C'est à ces différentes causes, sans doute, qu'il faut rapporter cette espèce d'universalité, que notre langue a obtenue depuis un siècle et demi, et qu'elle conserve encore de nos jours, surtout, dans les cabinets des princes et dans les affaires publiques.

Mais il existe une autre cause de ses progrès et de son empire en Europe; et cette cause, qui est peut-être la principale, on la trouve dans ses qualités distinctives.

Leibnitz ne craint pas de mettre en question, *si l'allemand n'est pas plus propre que le françois aux discussions politiques*; et il croit même pouvoir la résoudre en faveur de sa langue.

Je suis très-éloigné d'embrasser son opinion, qui me paroît entiérement fausse, uniquement dictée par la prévention nationale; et je me fonde sur plusieurs raisons.

D'abord, la langue allemande est *transpositive*, et la françoise, *analogue*. Or, comme les affaires et tous les objets de la politique exigent la méthode la plus exacte, soit dans l'exposition, soit dans la discussion, il est, selon moi, démontré jusqu'à l'évidence, que, d'après sa nature même, la langue françoise doit être préférée à la langue allemande. Elle est, plus que toute autre, la langue de la philosophie et de la raison, ainsi que je l'ai ci-devant observé; et si l'allemande a sur elle quelques avantages particuliers, tel que de se prêter davantage à l'expression des sentimens, d'être plus oratoire et plus poétique, ce n'est pas assurément d'avoir plus de clarté, plus de netteté, plus de précision.

Cette même langue, ensuite, est bien plus correcte, a bien moins d'expressions équivoques, est bien plus fixée que sa rivale. Les plus zélés partisans de celle-ci ne le nient pas; et Leibnitz lui-même est d'accord avec nous sur ce point. Or, à moins que la politique, au lieu de vouloir porter la lumière dans ses discussions, ne cherche à les obscurcir, il est certain qu'elle se déterminera toujours en faveur de l'idiome françois.

La seule circonstance, qui pourroit engager un Allemand à se servir préférablement de sa langue, ce seroit celle, où il s'agiroit d'approfondir des questions relatives à la constitution de l'empire germanique et aux droits particuliers des différens Etats qui le composent: car, comme cette constitution a ses propres élémens, et que chaque souveraineté qu'elle embrasse, a peut-être des droits qu'on ne retrouveroit point ailleurs, il est possible que la langue allemande emploie beaucoup de termes, que la françoise ne peut fournir. Mais cette hypothèse ne détruiroit point les principes, que je viens d'établir sur celle des deux langues, qui est la plus convenable à la politique en général.

D'ailleurs, dans les pièces, où il ne s'agira, ni de sciences, ni d'arts, ni de doctrine quelconque, mais seulement d'éloquence et de goût, il ne faut absolument faire usage d'aucun mot étranger, que la nécessité n'en soit indispensable.

Les ouvrages d'éloquence et de poésie, tous les écrits consacrés à l'agrément, au plaisir, et dans lesquels les lois du goût doivent être le plus inviolablement observées, n'admettent guères que des mots usuels. Il est donc nécessaire, ou que les mots soient tirés du fonds de la langue, ou que, s'ils sont empruntés de l'étranger, ils portent, dans la terminaison surtout, l'empreinte du génie même de cette langue.

Toute autre interprétation de ce passage nous exposeroit à imputer à Leibnitz une absurdité; et nous ne lui ferons pas gratuitement cette injure.

Dans un poëme allemand, bien imaginé et bien exécuté, un terme françois seroit assurément une tache. Il en seroit de même, si l'on en glissoit dans les romans, dans les panégyriques, dans les harangues, dans les histoires d'un certain genre, et généralement dans les traductions de ces sortes de pièces, dont l'agréable n'est pas moins l'objet que l'utile.

Ce seroit effectivement une tache, tant que les termes françois, que les Allemands ont adoptés, seront maintenus dans leur costume primitif et originaire. Mais ce n'en seroit plus une, si jamais on réussissoit à donner à tous ces mots d'emprunt la forme et le cracatère, qui conviennent à la langue allemande.

J'ignore, si cette réforme si désirable est susceptible d'exécution. Il ne m'appartient pas de décider cette question importante; les Allemands seuls peuvent la résoudre. Je sais seulement, que les François ont su naturaliser presque tous les mots, qu'ils ont pris des langues mortes ou étrangères; et que ce n'est pas le moindre mérite de leur langue.

Il faudroit, une fois pour toutes, déclarer allemands, tous les mots, qui n'ont que l'apparence de l'être, et que cependant on n'ose plus regarder comme étrangers. Il faudroit les écrire dorénavant en lettres allemandes et ne plus les distinguer par des bâtardes, et ôter par-là tout le scrupule qui peut être resté à leur sujet, aux amateurs zélés de la pureté de la langue allemande.

L'expédient est bien petit! Un changement dans la forme des lettres ou caractères alphabétiques, n'en est pas un dans l'essence et la contexture des mots eux-mêmes. S'y borner uniquement, pour la satisfaction des *amateurs zélés de la pureté de la langue allemande*, ce n'est pas les traiter en hommes raisonnables, mais en enfans, que bien peu de chose peut contenter.

La seconde partie de la pureté de la langue consiste dans sa justesse, selon les règles de la grammaire.
Après avoir parlé des mots, il étoit naturel de passer à l'emploi qu'on en doit faire dans la phrase, et, par conséquent, de songer aux imperfections de la grammaire, qui doit le déterminer.

Qu'il est fâcheux, que Leibnitz n'ait pas développé ce sujet important avec plus d'étendue! Il nous avertit lui-même *qu'il n'en dira que bien peu de chose.* Cependant, la grammaire est, pour toutes les langues, ce qu'il y a de plus essentiel; et, chez la plûpart des nations, ce genre d'ouvrage est, peut-être, ce que la littérature, ancienne et moderne, a malheureusement de plus incomplet et de plus négligé. Partout, on possède une infinité de grammaires: partout, néanmoins, ou est fort loin encore du degré de perfection qu'il faudroit atteindre.

Quelle est l'espèce de savans qui se sont occupés jusqu'ici de ce travail? On ne rencontre guères parmi eux que des hommes d'un mérite équivoque: on y voit beaucoup d'érudits estimables, mais souvent ridicules par leur pédantisme et leur mauvais goût; quelques philosophes, capables de penser profondément et d'éclaircir les matières les plus abstraites et les plus embrouillées; mais bien rarement des littérateurs assez habiles, pour donner à la fois l'exemple et le modèle.

Or, une grammaire ne peut être parfaite, qu'autant qu'elle est le résultat des méditations, des recherches et des longs travaux d'un homme, qui, au génie, à la profondeur, aux connoissances variées du vrai philosophe, joint tous les talens, tout le goût, toute la pratique du littérateur le plus consommé.

La grammaire allemande est défectueuse: mais il ne sera pas difficile de réparer ce mal dans la suite du temps. Les réflexions de quelques savans suffiront, pour applanir toutes les difficultés, qui peuvent se présenter sur ce sujet dans notre langue.

Quelle est la nation, qui ne pourroit faire modestement le même aveu, que fait ici Leibnitz? Mais tel est l'amour-propre des peuples et des individus, quand il est question de la gloire nationale, que, lors-même qu'ils sentent toute leur médiocrité, ils n'en conviennent presque jamais, du moins, hautement; et qu'ils cachent souvent aux autres, ce qu'ils ont de foible et de défectueux, avec d'autant plus de soin, qu'ils ne peuvent se le dissimuler à eux-mêmes.

Mais, en applaudissant à la noble franchise de Leibnitz, j'observe qu'il s'est fait illusion sur la facilité de remédier aux diverses imperfections de la grammaire allemande. Il a cru, que *les réflexions de quelques savans* suffiroient pour les faire disparoître; et l'expérience a prouvé depuis, qu'il s'étoit trompé.

Il y a près d'un siècle, qu'il a composé cet écrit; et sa langue est encore, à peu de chose près, embarrassée des mêmes difficultés que de son temps; c'est qu'en tout genre, rien ne se perfectionne plus lentement que l'art, qui doit en étendre et en perpétuer les succès; c'est, qu'il faut qu'une nation ait déjà produit un grand nombre de chefs-d'œuvre, avant qu'il se présente, chez elle, un homme de génie, capable de former un système philosophique et complet, pour servir de guide et de flambeau à ceux qui embrasseront la même carrière; c'est enfin, que l'homme à talent est tout de feu, s'il a le bonheur de rencontrer un sujet analogue à son goût et à ses dispositions, et qu'il est tout de glace, au contraire, s'il ne s'agit que d'analyser méthodiquement les beautés et les défauts, dont un genre quelconque est susceptible, et de fonder un art sur une multitude d'observations subtiles et minutieuses.

On sait, que, dès le temps de Charlemagne, on avoit commencé à travailler à une grammaire allemande. Cependant, peut-être de nos jours, n'en avons-nous pas encore une, qui soit exacte et suffisante.

C'est-là précisément ce qui a dû retarder les progrès de la langue, au lieu de les accélérer. On se hâte toujours trop de bâtir des systèmes. En physique, en mécanique, en chimie, en botanique, en médecine et autres sciences de cette espèce, il est nécessaire de rassembler long-temps des faits isolés et des observations particulières, si l'on veut en tirer des principes élémentaires, qui éclairent l'esprit, et qui servent à le diriger dans ses productions. A plus forte raison, doit-on procéder avec cette sage lenteur en matière de langues.

Qu'est ce-que la grammaire? C'est la science du discours; c'est l'art qu'il faut suivre, soit en parlant, soit en écrivant, pour ne jamais s'exprimer que correctement, et conformément à l'usage.

Or, cette science ou cet art n'est qu'une collection méthodique de principes généraux et de règles particulières, que la pratique des bons écrivains peut seule fournir.

Il est donc indispensable, pour entreprendre avec succès de recueillir ces règles et ces principes élémentaires, d'attendre, qu'il y ait dans la nation des modèles de langage et de style, assez parfaits, pour donner lieu à des observations exactes et qu'on puisse réduire en maximes.

Mais, c'est ce qu'on n'a jamais fait. On remarque même, que plus un peuple, plus un individu est ignorant, plus il se croit en état d'établir des systèmes sur les divers objets qu'il a embrassés. La présomption fut et sera toujours la compagne de l'ignorance.

Que pouvoit être la langue allemande, du temps de Charlemagne? L'Europe entière étoit alors plongée dans la grossièreté, la superstition et la barbarie. Il y avoit partout, sans doute, des écrivains; mais ces écrivains étoient sans goût, sans discernement.

Il n'étoit donc pas temps encore de soumettre le langage à des règles fixes.

Quoique des François, qui, depuis quelque temps, s'appliquent fort à l'étude de notre langue, se soient chargés d'en produire une, on doute, avec raison, du succès de leurs soins.

Au lieu de dire simplement, *qu'on doutoit du succès de leurs soins*, Leibnitz pouvoit assurer sans crainte, que jamais ils n'atteindroient leur but.

Dans tous les temps, en effet, un pareil projet de leur part n'aboutira qu'à confirmer cette vérité d'expérience, que l'ignorance est toujours accompagnée de la présomption.

Quand on étudie une langue étrangère, on fait sagement, j'en conviens, d'en recueillir les règles et les principes: car, autrement, on ne marche qu'à tâtons; on fait entrer des mots dans sa tête; et, si l'on est doué par la nature d'une heureuse mémoire, on réussit enfin à apprendre cette langue mécaniquement et par l'usage.

Mais si cela suffit dans un âge tendre, il faut quelque chose de plus dans un âge de maturité, où l'esprit a reçu son développement. C'est alors qu'il importe de discuter les principes, et de rechercher les raisons philosophiques, qui ont donné lieu à l'établissement des règles, puisque cette connoissance seule fait le grammairien, et supplée quelquefois la pratique.

Je ne puis donc qu'approuver les François, lorsque, dans l'étude de la langue allemande, ils s'efforcent d'en approfondir les divers élémens: mais je ne les trouve que présomptueux et ridicules, lorsqu'ils osent témérairement entreprendre de les réduire en art et en système; ce qui, selon moi, n'appartient qu'aux Allemands eux-mêmes, à qui l'habitude, l'exercice, de continuelles méditations ont fait saisir, par rapport à l'emploi des mots et à la structure de la phrase, une infinité de choses, qui doivent nécessairement échapper à des étrangers.

On n'ignore point, combien de difficultés et de doutes se présentent encore aujourd'hui, et à chaque instant, dans la langue françoise. Pour s'en assurer, on n'a qu'à parcourir les remarques de Vaugelas[65], *de Ménage et de Bouhours*[65], *pour n'en pas citer d'autres.*

Ces *difficultés* et ces *doutes* ont subsisté long-temps encore depuis Leibnitz, parce que, parmi cette foule immense de grammairiens que la France n'a cessé d'avoir, il ne s'est pas rencontré un seul homme d'assez de génie, ou assez philosophe, pour bien saisir l'esprit, le caractère et la marche qui distinguent essentiellement la langue françoise de toute autre.

Jettons, pour nous en convaincre, un coup-d'œil rapide sur quelques-uns de ceux qui ont précédé Mrs. l'abbé Girard, Du-Marsais, l'abbé de Condillac, Beauzée, d'Açard, l'abbé d'Olivet et Roubaud. On va voir, si de pareils hommes étoient faits pour lever les *difficultés* et les *doutes* dont parle Leibnitz.

Avant l'établissement de l'Académie françoise, il avoit déjà paru une infinité de grammaires: mais elles avoient, presque toutes, été composées par des auteurs de la classe la plus obscure; et à peine l'histoire de notre littérature nous a transmis les noms de quelques-uns d'entr'eux.

Le cardinal de Richelieu, qui fonda l'Académie en 1635, joignit, à ses autres obligations, celle de donner une grammaire: de sorte que, pour s'y préparer, elle fit des observations sur les *Remarques de Vaugelas.* »Mais (dit Mr. l'abbé d'Olivet) cette compagnie, dans l'examen des doutes sur la langue, jugea bientôt, qu'un ouvrage de système, tel qu'une grammaire, ne pouvoit être conduit que par une personne seule; et elle en donna le soin à l'abbé Regnier, qui y employa tout ce qu'il avoit acquis de lumières par 50 ans de réflexions«.

Jusques-là, rien n'est plus défectueux que les grammaires françoises; ou, plutôt, rien n'est plus propre à égarer ceux, qui veulent connoître les vrais élémens de notre langue.

Dès 1572, Pierre Ramus[66] essaya:

I°. De fixer les déclinaisons des noms et les conjugaisons des verbes. Il ignoroit, que le françois n'admet, relativement aux noms, aucune déclinaison, puisqu'ils ne changent jamais de terminaison, n'étant susceptibles que de nombres.

Et II°. De déterminer, par la syntaxe, l'ordre des mots dans la structure de la phrase. Mais, jugeant de la langue françoise par la latine, dont il avoit toujours fait sa principale étude, il établit des règles, aussi fausses que ridicules, puisqu'une langue *analogue*, telle que la nôtre, ne peut avoir la même construction qu'une langue *transpositive*, telle que la latine.

Depuis 1604, jusques vers le milieu du 17me siècle, une multitude d'auteurs se fit remarquer dans cette carrière.

Jean Baptiste Duval[67] avoit, dans son style, de la pureté, de la clarté, de la précision: mais sa théorie grammaticale manquoit de justesse et d'exactitude.

Charles Maupas,[68] dénué de talens autant que de philosophie, ne fit qu'embrouiller les règles, établies par Ramus, son modèle, au lieu de les éclaircir.

Jean Masset[69] ne rendit pas de plus grands services à la langue, qu'il se crut appelé à perfectionner. Son *Introduction* fut, à la vérité, recherchée de ses contemporains: mais il n'est plus aujourd'hui, ainsi que ses prédécesseurs, qu'un écrivain obscur et presque oublié.

Tels furent encore, Oudin[70], qui copia servilement Maupas ou Ramus; et Du-Tertre[71], dont la production parut si médiocre, quelle ne jouit pas même d'un succès éphémère.

En 1651, le père Chifflet[72] publia une grammaire, assez exacte quant aux règles: mais ce jésuite n'avoit pas le talent d'écrire; et l'on s'apperçoit, en le lisant, qu'il est rempli de tournures et d'expressions provinciales, et peu conformes au bon usage.

On lui préféra, de son temps, Irson[73] et Filz; et assurément, ces noms-là ne sont pas bien illustres dans l'histoire de notre langue.

Alcide de St. Maurice[74] entreprit d'en éclaircir les principales difficultés; et René Milleran[75] compila, dans sa *Nouvelle grammaire*, tout ce qu'il trouva de meilleur dans celles qu'on avoit déjà: mais l'un n'étoit pas assez philosophe, pour fixer les règles; et l'autre, ne puisant que dans de mauvaises sources, ne fit presque que propager d'anciennes erreurs.

En 1664, Claude Lancelot[76] commença à fonder l'étude des langues sur la philosophie: mais il y a loin encore de principes généraux, applicables à tous les idiomes, à ceux qui ne se rapportent qu'à une langue particulière.

Vers le même temps, le père Buffier attaqua vivement la *Grammaire de Mr. l'abbé Regnier*[77], et publia la sienne propre. La première édition est de l'année 1708; et la seconde est de 1732. On lui prodigua les plus grands éloges, quand elle parut; et l'on peut encore la lire avec quelque fruit.

Mais sur toutes ces différentes grammaires, Mr. Rollin[78] donne la préférence à celle de Mr. Restaut[79]. Elle est, j'en conviens, beaucoup plus exacte et beaucoup plus méthodique que celles de ses prédécesseurs. Cependent on peut dire, que les principes qu'elle contient, sont bien plus applicables à la langue latine, qu'à la françoise; et, à cet égard, il mérite les mêmes reproches que tous les grammairiens des temps antérieurs.

La langue françoise a, néanmoins, cet avantage, qu'elle est fille de la latine, dont les règles sont constantes depuis long-temps; avant nous, des plumes savantes se sont exercées à la perfectionner.

Il est très-vrai que la langue françoise est *fille de la latine*, puisque celle-ci lui a fourni la plus grande partie de ses mots: mais on seroit très-mal fondé à prétendre, qu'elle soit aussi *sa fille*, quant à la manière de procéder dans sa marche, puisque sa construction est essentiellement *analogique*, et que celle de la latine est *transpositive.*

Or, comme, dans ce passage, il est question de syntaxe, et non de simple nomenclature, je crois pouvoir affirmer que Leibnitz s'est trompé, en disant que *c'est un avantage*, qu'a la langue françoise sur l'allemande, *d'être née de la latine.*

Je conviens avec lui, que les règles de cette dernière *sont fixées depuis long-temps*: mais j'ose soutenir, que ces règles n'étant pas applicables à la première, c'est pour elle une source d'erreurs, bien loin d'être un moyen réel de perfectionnement; et l'expérience ne l'a que trop bien démontré.

Qu'ont fait nos grammairiens, en effet, quand ils ont voulu établir la langue sur des règles invariables? Ils ont oublié qu'elle étoit *analogue* par sa nature; et ils lui ont donné celles de la latine, qui est, aussi par essence, *transpositive.*

Notre grammaire n'a donc été, presque jusqu'à nos jours, qu'un recueil absurde de faux principes.

Il étoit réservé à Mrs. l'abbé Girard et Du-Marsais de dissiper nos erreurs et nos préjugés. Ces deux grammairiens, vraiment philosophes, se sont attachés à reconnoître le génie particulier de la langue françoise: ils ont vu, que ce génie étoit tout différent de celui de la latine: et, en conséquence, ils ont substitué aux règles de celle-ci, celles que dictoient le bon sens et la vraie philosophie dans un idiome tel que le nôtre, et que *la superstition latine*, pour parler le langage de Leibnitz, avoit jusques-là méconnues.

La France n'a qu'une seule cour, qui réside au centre de la monarchie, et qui donne le ton en toute chose. Le parallèle qu'on feroit contre nous de Paris à Vienne, qui est situé au bout de l'Allemagne, seroit insoutenable; et, peut-être, ne seroit-il pas exactement juste, si l'empereur tenoit son siège au centre de l'empire.

On ne cesse de parler de l'influence de la cour sur le peuple; et l'on a raison. Devient-elle corrompue? les mœurs publiques s'alterent et se dégradent. Donne-t'elle l'exemple des bons principes et des vertus? la nation ne manque jamais de se réformer. Il n'est pas de vérité plus constante:

regis ad exemplar totus componitur orbis.

Mais quelque réelle que soit cette influence, par rapport aux mœurs, elle n'est pas cependant la même, par rapport au langage. La cour peut bien fournir des tournures ingénieuses, répandre le goût de l'élégance et de la délicatesse, faire saisir, dans les objets de nos connoissances, et surtout dans nos sentimens, quelques nuances fines, qui échappent au reste des citoyens. Mais ce n'est pas elle, qui peut étendre l'empire de la philosophie et de la raison, développer les principes des arts et des sciences, faire des découvertes intéressantes, et créer les expressions nécessaires, pour rendre, avec autant d'énergie que de verité, des pensées neuves.

Qu'on me cite une seule cour, d'où soit partie la lumière qui a éclairé les peuples. Le bel-esprit y brille quelquefois; et le vrai génie, au contraire, s'y éteint presque toujours, s'il n'y est étouffé avant que de naître.

Ce pays d'illusions ne peut donc éblouir, qu'autant qu'on ne le voit que de loin et en perspective. L'air qu'on y respire n'est propre qu'à porter le germe de tous les genres de corruption dans les ames.

Eh! comment les bons esprits ne dégénéreroient-ils pas, à la longue, dans les cours, tandis que les petites passions, que tout y excite, font nécessairement substituer, en toute occasion, le mensonge à la vérité, l'intérêt personnel et individuel à l'intérêt général, le langage sophistique et astucieux de la politique, à l'expression franche et libre de la nature?

Il n'en est pas de même du siége de l'empire ou centre de la domination. De grandes capitales, comme Londres, Paris, Naples, Rome, Madrid, doivent donner l'impulsion à tous les esprits; et c'est dans le sein de ces cités brillantes, que les langues nationales atteignent, tôt ou tard, à toute la perfection dont elles sont susceptibles. C'est-là, que la plupart des beaux génies se rassemblent de toutes parts, parce qu'ils y trouvent toutes les espèces de ressources, pour se soutenir honorablement, et même pour s'avancer dans la carrière de la fortune; tous les objets des arts, qui sont propres au développement des talens et au progrès du goût; toutes les communications, enfin, qui sont nécessaires aux artistes et aux écrivains, et dont il leur est si difficile de se passer, quels que soient les genres qu'ils ont embrassés.

Mais l'Allemagne est partagée en différens Etats, plus ou moins circonscrits; et les capitales de ces Etats ne sont point, à beaucoup près, comparables à celles de autres grandes monarchies de l'Europe. Elles n'ont, ni les mêmes richesses, ni la même population. Les sciences et les beaux-arts y sont beaucoup moins encouragés, et conséquemment, cultivés avec beaucoup moins de succès. On y trouve infiniment moins de modèles, et bien moins de sujets d'émulation.

Toutes ces circonstances concourent à y retarder le perfectionnement de la langue commune, et d'autant plus, que chacun des Etats, qui composent l'empire germanique, ne veut recevoir la loi que de lui même.

Il n'est donc que trop vrai, que toute comparaison entre Paris et Vienne *seroit insoutenable.*

Il s'ensuit, que, si les Allemands n'ont pas sujet de s'étonner et de rougir de l'imperfection actuelle de leur grammaire, ils seroient, sans doute, repréhensibles, s'ils n'entreprenoient avec empressement de corriger ce manque de perfection, dont elle est si fort éloignée.

On ne peut trop exhorter nos académiciens allemands à suivre les sages conseils de Leibnitz.

Depuis que ce grand homme a écrit cet ouvrage, la grammaire de leur langue ne s'est pas peu perfectionnée, sans doute; ils sont plus en état que moi d'en juger. Je sais seulement, qu'on fait beaucoup de cas, en France, de celle de Mr. Juncker[80], leur compatriote, qui a été long-temps professeur de langue allemande à l'école royale militaire de Paris. Mais, peut-être, les Allemands eux-mêmes y découvrent-ils des défauts réels, qui sont peu sensibles aux étrangers.

Quoi qu'il en soit de cette grammaire et de toutes celles qu'ils ont encore, il est temps, enfin, qu'ils fassent tous leurs efforts pour porter l'art de parler et d'écrire à sa perfection: et il est digne des membres de notre Académie, qui s'occupent dans ce moment de l'amélioration de leur langue, de rendre ce nouveau service à leur patrie et à l'Europe, qui l'attendent également de leur zèle et de leurs lumières.

Anmerkungen

1 Johann Friedrich Zöllner (1753-1804), Oberkonsistorialrat in Berlin, Ordentliches Mitglied der Berliner Akademie seit 1791, aktiver Mitarbeiter in der Deutschen Deputation.

2 Zu Karl Philipp Moritz (1757-1793) vgl. die Einführung.

3 Noël-Antoine Pluche (1688-1761), Gelehrter und Literat, Professor am Collège de Reims, später Diektor des Collège de Laon; in seinen Schriften popularisierte er die allgemeine Naturkunde und das allgemeine Wissen einer etablierten konservativen Gesellschaft.
– "Mécanique des langues", 1751.

4 Jean-Jacques Rousseau (1712-1778).
– "Essai sur l'origine de langue", posthum.

5 Abbé Gabriel Girard (1677-1748), französischer Grammatiker, Synonymiker, *secrétaire-interprète* des Königs für Russisch und Rumänisch; seit 1744 Mitglied der Académie française.
– "L'Orthographe françoise sans équivoque et dans les principes naturels", 1716.
– "La Justesse de la langue française", 1718.
– "Vrais principes de langue françoise ou la Parole réduite en méthode, conformément aux lois de l'usage", 1747.
Auf Girard gehen die Begriffe der transpositiven (später: synthetischen) und analogischen (später: analytischen) Sprachen zurück.
Vgl. Hans-Martin Gauger, "Die Anfänge der Synonymik: Girard (1718) und Roubaud (1785)", Tübingen 1973.

6 César Chesneau, sieur Du Marsais (1676-1756), französischer Redner und Grammatiker.
– "Nouvelle méthode pour apprendre la langue latine", 1722.
– "Traité des tropes", 1730.
Mitarbeiter an Diderots und d'Alemberts "Encyclopédie". Vgl. Irene Monreal-Wickert, "Die Sprachforschung der Aufklärung im Spiegel der großen französischen Enzyklopädie", Tübingen 1977 (*Lingua et Traditio*, Band 3), Seiten 95-147.

7 Gemeint ist Jean Pierre d'Açarq (1717-1809), 1759 Professor an der Ecole royale militaire, 1795 Professor für allgemeine Grammatik an der Ecole centrale de Saint-Omer, Mitglied der Akademien von Arras und La Rochelle, der Crusca, der literarischen Gesellschaft von Dünkirchen.

– "Grammaire françoise philosophique ou Traité complet sur la physique, sur la métaphysique et sur la rhétorique du langage qui règne parmi nous dans la société", Genève et Paris 1760.
– "Observations sur Boileau, sur Racine, sur Crébillon, sur Monsieur de Voltaire et sur la langue françoise en général", La Haye 1770.
– "Remarques sur la dixième édition de la grammaire française de Wailly", 1787.

8 Nicolas Beauzée (1717-1789), französischer Grammatiker, Mitarbeiter zu grammatischen Themen an Diderots und d'Alemberts "Encyclopédie" nach Du Marsais' Ableben (1756) (vgl. Monreal-Wickert, op.cit., p. 25-94), 1768 Professor für Grammatik an der Ecole militaire de Paris, 1772 Mitglied der Académie française.
– "Grammaire générale ou Exposition raisonnée des éléments nécessaires pour servir à l'étude de toutes les langues", Paris 1767.

9 Antoine Court de Gébelin (1725-1784), französischer Gelehrter; in der Frage der Herkunft des Französischen vertrat er die keltomanische Position.
– "Histoire naturelle de la parole", 1776.
– "Monde primitif analyse et comparé avec le monde moderne, considéré dans l'histoire civile, religieuse et allégorique du calendrier ou almanach", 1773-1784.

10 Jacques Le Brigant (1720-1804), Keltomane: alle Sprachen, auch Sanskrit oder Chinesisch, gehen auf das Keltische zurück.
– "Nouvel avis concernant la langue primitive retrouvée", 1770.
– "Eléments de la langue des Celtes Gomérites ou Bretons", 1779.
– "Observations fondamentales sur les langues anciennes et modernes", 1787.
– "Mémoire sur la langue des Français, la même que la langue des Gaulois, leurs ancêtres", 1787.

11 Etienne Bonnot de Condillac (1715-1780), französischer Philosoph, Sensualist.
– "Essai sur l'origine des connaissances humaines", 1746.
– "Traité des systèmes", 1749.
– "Traité des sensations", 1754.
– "Logique", 1777.
– "La langue des calculs", Paris 1798 posthum.
Vgl. Ulrich Ricken, "Sprache, Anthropologie, Philosophie in der französischen Aufklärung", Berlin 1984; ders., "Sprachtheorie und Weltanschauung in der europäischen Aufklärung", Berlin 1990.

12 César-Pierre Richelet (1631-1698), französischer Lexikograph.
– "Le Dictionnaire français", 1860 (enthält auch "niedriges" Sprachniveau bis hin zum obszönen Wortschatz).

13 Pierre Danet (ca. 1640-1709), Latinist, Lexikograph, Verfasser eines französisch-lateinischen Wörterbuchs (1685) und eines lateinisch-französischen (1691).

14 Joseph Joubert (in Lyon geboren, starb am 20.2.1719 [oder 1724?]); als Wörterbuchautor schrieb er:
– "Dictionnaire français-latin, tiré des auteurs originaux et classiques de l'une et de l'autre langue", Lyon 1709; 1752.
Eine Anfrage im Stadtarchiv von Lyon brachte keine Klarheit über das Todesjahr von Joubert und bestätigte nur die Differenzen; die Mehrzahl der Quellen gibt das Jahr 1719 an; doch ist davon auszugehen, daß eine von der anderen abgeschrieben hat.

15 Claude Buffier (1661-1737), Jesuit, Theologe, Literat, Grammatiker, Professor am Collège Louis-Le-Grand, später am Collège de Rouen.
– "Grammaire françoise, sur un plan nouveau pour en rendre les principes plus clairs et la pratique plus aisée", Paris 1709, Bruxelles 1711, Paris 1714, 1723, 1724, 1729, 1731, 1732, 1741, 1754.

16 Antoine-Augustin Bruzen de La Martinière (1683-1749).
– "Grand dictionnaire géographique, historique et critique", 1720-1730, mehrere Neuauflagen und Übersetzungen.

17 "Dictionnaire de Trévoux", 1704; neueste zeitgenössische Nachauflage 1771, benannt nach dem Erscheinungsort. Die wichtigsten Autoren waren die Jesuiten Claude Buffier, Guillaume-Hyacinthe Bougeant (1690-1743, Historiker und Literat), Louis-Bertrand Castel (1688-1757, Mathematiker und Physiker), Jean-Antoine Ducerceau (1670-1730, Dichter und Literat), René-Joseph de Tournemine (1661-1739, Philosoph und Theologe). Gegenüber dem Wortgut des Akademiewörerbuchs zeichnet sich dieses durch die Aufnahme vieler alter Wörter aus, die zum Verständnis alter Autoren wichtig sind.

18 "Dictionnaire de l'Académie". Im Jahre 1638 begann die Académie française, aufgefordert durch Richelieu, mit der Erarbeitung eines französischen Wörterbuchs unter der Leitung von Vaugelas. Dieses Wörterbuch sollte die französische Beredsamkeit zu höchster Vollendung führen. Die erste Ausgabe erschien 1794; keine alphabetische Ordnung, sondern Ordnung nach Nestern (*chefs de famille*); alphabetische Anordnung erst in der zweiten Auflage 1718; ^{3}1740, ^{4}1742.

19 "le grand vocabulaire". Gemeint ist wohl die französische Ezyklopädie von Diderot und d'Alembert, 1751ff.

20 Christian Gottlieb Sell(e) (1748-1800), Leibarzt Friedrichs II. und Friedrich Wilhelms II., 1786 Ordentliches Mitglied der Berliner Akademie für Medizin und Philosophie.
– "Grundsätze der reinen Philosophie", Berlin 1788.

21 Johann Christoph Schwab (1743-1821), Professor für Logik und Metaphysik an der Karlsschule in Stuttgart, 1788 auswärtiges Mitglied der Berliner Akademie, 1812 Ehrenmitglied; seine Schrift "Über die Ursachen der Allgemeinheit der französischen Sprache und die wahrscheinliche Dauer ihrer Herrschaft" wurde 1784 ex aequo mit der Schrift Rivarols von der Berliner Akademie preisgekrönt. Eine weitere von der Akademie preisgekrönte Schrift "Über die Fortschritte der Metaphysik in Deutschland seit Leibniz' und Wolff's Zeiten" (Berlin 1796) wies ihn als Gegner Kants aus.
– "Dissertatio de methodo analytica", Stuttgart 1779.
Vgl. Hans Helmut Christmann, "Antoine de Rivarol und Johann Christoph Schwab *pari passu.* Zwei Stellungnahmen zur Universalität der französischen Sprache". In: "Studia Neolatina". Festschrift für Peter M. Schon. Herausgegeben von Johannes Thomas, Aachen 1978, Seiten 24-37.

22 Charles de Secondat, baron de La Brède et de Montesquieu (1689-1755), Gerichtspräsident, Schriftsteller, 1727 Mitglied der Académie française; Hauptwerke:
– "Lettres persannes", 1721, eine kritische Satire über die zeitgenössischen Institutionen und Sitten in Frankreich.
– "Considérations sur les causes de la grandeur des Romains et de leur décadence", 1734.
– "Esprit des lois", 1748 (22 Auflagen in zwei Jahren). Montesquieu war u.a. ein Verfechter der Klimatheorie.

23 Claude-Adrien Helvétius (1715-1771), französischer Philosoph, Sensualist, 1765 lebte Helvétius bei Friedrich II. in Potsdam.
– "De l'Esprit", 1758 [alle Tätigkeiten des menschlichen Geistes werden aus der *sensibilité* (Gefühls- oder Auffassungsvermögen) hergeleitet; das Motiv aller menschlichen Tätigkeit sei der *intérêt* (Selbstliebe)].

24 François de Salignac de La Mothe-Fénelon (1651-1715), französischer Schriftsteller und Prediger, Erzieher der Enkel Ludwigs XIV., der Herzöge von Bourgogne, Anjou und Berry, 1693 Mitglied der Académie française. 1715 schrieb er an den seit 1713 amtierenden ständigen Sekretär der Académie, den Philologen André Dacier (1651-

1722), eine "Lettre sur les occupations de l'Académie française".
– "Les Aventures de Télémaque" (1699, 1717); als Prinzenerzieher bietet der Autor hier Muster der Weisheit für eine fürstliche Erziehung.

25 Jean de La Fontaine (1621-1695), französischer Dichter, Erzähler, Fabeldichter, 1683 Mitglied der Académie française.

26 Mithridates VI. Eupator (der Große) (um 132 v.Chr. bis 63 v.Chr.), König von Pontes 113 v.Chr.; ihm wurde eine große Sprachenkenntnis nachgesagt. In der Geschichte der Sprachforschung diente sein Name als Titel für diverse Vaterunser-Sammlungen in vielen Sprachen zumeist mit dem Zweck der Sprachvergleichung.

27 Henri-François D'Aguesseau (1668-1751), Generalstaatsanwalt, Kanzler Frankreichs.

28 François Ier (1494-1547), populärer französischer König (ab 1515); in der *ordonnance de Villers-Cotterets* von 1535 verfügte er die Verwendung des Französischen vor den Gerichten und in Gerichtsakten. Er unterstützte das Druckereiwesen, gründete den "Collège de France", förderte die Künste in Frankreich, wozu er zahlreiche italienische Künstler nach Paris rief. Seine Regierungszeit war (trotz vieler Kriege) durch einen Wandel Frankreichs auf den Gebieten von Politik, Handel, Kunst und Moral gekennzeichnet.

29 Ratisbonne: Regensburg.

30 Charles du Fresne, sieur Du Cange (1610-1688), französischer Gelehrter, Jurist; er verfaßte für die Sprachforschung wichtige Werke:
– "Glossarium ad scriptores mediæ et infimæ latinitatis", 3 Bände, Paris 1678; 6 Bände herausgegeben von den Benediktinern von St. Maur, Paris 1733-1736; Venedig 1737; Basel 1762; Supplement von Carpentier, 4 Bände, Lyon 1766. Einen Auszug veröffentlichte Adelung: "Glossarium manuale ad scriptores mediæ et infimæ latinitatis", 6 Bände, Halle 1772-1784.
– "Glossarium ad scriptores mediæ et infimæ græcitatis", 2 Bände, Lyon 1688.

31 Pierre-Joseph-André Roubaud (1730-1791), französischer Literat, Wirtschaftswissenschaftler.
– "Les Nouveaux Synonymes français", 1785 (preisgekrönt von der Académie française.
Vgl. Hans-Martin Gauger, "Die Anfänge der Synonymik: Girard (1718) und Roubaud (1785)", Tübingen 1973.

32 Pierre Carpentier (1697-1767).

33 Antoine Furetière (1619-1688), französischer Lexikograph und Literat.
– "Dictionnaire universel, contenant généralement tous les mots français, tant vieux que modernes, et les termes des sciences et des arts", Rotterdam 1690 (alphabetische Anordnung im Gegensatz zum Akademiewörterbuch; Grundlage für das spätere Wörterbuch von Trévoux).

34 Henry Basnage, sieur de Beauval (1656-1710), Herausgeber von Antoine Furetière, "Dictionnaire universel", 2e éd., 3 Bände, La Haye et Rotterdam 1701; Rotterdam ³1708; 4 Bände, La Haye ⁴1724.

35 Gilles Ménage (1613-1692), französischer Gelehrter und Schöngeist, Etymologe.
– "Origines de la langue française", 1650 ("Dictionnaire étymologique").
– "Observations sur la langue française", 1673.

36 "la première race de ses rois": die Merowinger (Ende des 5. bis Mitte des 8. Jahrhunderts), ihnen folgten die Karolinger.

37 Denis Diderot (1713-1784), französischer Philosoph und Schriftsteller, Initiator der französischen Ezyklopädie, deren 1. Band im Jahre 1751 erschien und die 1772 beendet wurde. In den technologischen Teilen bediente sich Diderot eines klaren und präzisen Stils, den er sich bei den Fachleuten angeeignet hatte.

38 Despréaux, d.i. Nicolas Boileau (1636-1711), der Theoretiker des französischen Klassizismus ("Art poétique": ästhetisches Gesetzbuch des französischen Klassizismus im In- und Ausland) mit den Prinzipien von Vernunft und Wahrhaftigkeit.

39 André Dacier (1651-1722), übersetzte Horaz, Aristoteles, Plato, Epiktet, Plutarch. Anne Dacier (geb. Lefèvre, 1651-1720), seine Frau, übersetzte Plautus, Terenz, Aristophanes, Sappho, Anakreon, Kallimachus, Homer; in der *Querelle des anciens et des modernes* trat sie gegen La Motte vehement für die Alten ein.
– "Des causes de la corruption du goût, 1714.

40 Gemeint ist wohl der (Gerichts-) Präsident Charles de Brosses (auch Desbrosses) (1709-1777) aus Dijon.
– "Traité de la formation mécanique des langues", 1765.

41 Jean Bouhier (1673-1746), Jurist und Literat, übersetzte Cicero; er gründete in Dijon eine kleine literarische Akademie, 1727 in die Académie française aufgenommen.

42 Olivier Patru (1604-1681), Jurist und Literat, übersetzte Cicero; Mitglied der französischen Akademie seit 1640.

43 Nicolas Perrot d'Ablancourt (1606-1664) übersetzte griechische und lateinische Klassiker, z.B. Lukianos, 1637 in die Académie française aufgenommen. Während Borrelly ihm Korrektheit zubilligt, schreibt der Larousse des 19. Jahrhunderts über seine Übersetzungen: "leur inexactitude les avoit déjà fait nommer par les contemporains les 'belles infidèles'", wiewohl sie seinerzeit en vogue waren; im 19. Jahrhundert war er vergessen.

44 Pierre-François Guyot Desfontaines (1685-1745) übersetzte z.B. "Gulliver" von Swift (1727) und gab 1726 ein "Dictionnaire néologique" heraus; Jesuit, Rhetorikprofessor in Bourges.

45 Pierre-Joseph Thoulier Abbé d'Olivet (1682-1768), Grammatiker und Literat, übersetzte Cicero; 1723 Mitglied der Académie française, Mitarbeiter am Wörterbuch.

46 Abbé Charles Batteux (1713-1780) übersetzte Horaz, Rhetoriklehrer; Lehrstuhl für griechische und lateinische Philosophie am Collège de France; 1754 Académie des inscriptions; 1761 Académie française. Er war ein Gegner des klassischen Ideals eines *ordo naturalis* in der Wortstellung und übertrug als erster die sensualistische Sprachauffassung auf die Wortstellung.

47 Laurent Angliviel de La Beaumelle (1726-1773) übersetzte Seneca; erster Lehrstuhlinhaber in Kopenhagen für französische Literatur und Sprache; ab 1751 Berlin, da er sich von Friedrich II. angezogen fühlte; er legte sich in "Mes pensées" mit Voltaire an, der ihn haßte.
– "Vie de Maupertuis [...] ouvrage posthume, suivi de lettres inédites de Frédéric le Grand et de Maupertuis, avec des notes et un appendice [publié par Maurice Angliviel]", Paris 1856.

48 François Guérin (18. Jhd.) übersetzte Tacitus, Titus-Livius.
– "Ode au roy de Prusse pendant l'hiver de 1745 par M[onsieur]. G[uérin]. P[rofesseur]. D[e]. R[hétorique]. A[u]. C[ollège]. D[u]. P[lessis]."

49 Nicolas Gédoyn (1667-1744), Jesuit, Rhetorikprofessor, Kommentator und Übersetzer antiker Autoren, übersetzte Quntilian, Pausanias; 1711 Académie des inscriptions; 1719 Académie française.

50 Abbé Athanase Auger (1734-1792), übersetzte Demosthenes u.a.

51 François de Malherbe (1555-1628), französischer Dichter, Schöpfer der klassischen französischen Poesie; er schrieb wohlklingende, schwungvolle Verse in korrektem Bau; Kritiker der Plejade (Ronsard, Desportes). Seine sprachlichen und metrischen Neuerungen wurden von Boileau zum Gesetz erhoben.

52 Honoré de Bueil, marquis de Racan (1589-1670), Freund von Malherbe, schrieb Elegien, Stanzen, Pastoralen, Oden, Psalmen, Eklogen, Madrigale, Lieder, Sonette.

53 Nicolas Faret (1596-1646), Schüler Vaugelas', übersetzte Eutropius; Moralist und Schriftsteller; Mitbegründer der Académie française.

54 François VI, duc de La Rochefoucauld (1613-1680), französischer Moralist.
– "Réflexions ou Sentences et maximes morales", 1665, das Muster klassischer französischer Prosa; La Rochefoucauld schildert die Sittenverderbnis der höheren Stände seiner Zeit.

55 Jean-François Marmontel (1723-1799), schrieb Tragödien, komische Opern, epische Romane.
– "Poétique française", 1763 (bestehend aus seinen Artikeln der Enzyklopädie).
– "Eléments de littérature", 1787.
1763 Académie française, 1783 secrétaire perpétuel.

56 Jules de Mascaron (1634-1703), prominenter Prediger, ab 1671 Bischof.

57 Jacques-Bénigne Bossuet (1627-1704), prominenter Prediger, berühmtester und streitbarer Repräsentant des französischen Katholizismus des 17. Jahrhundert.

58 Valentin-Esprit Fléchier (1632-1710), prominenter Prediger, Schriftsteller (Reiseberichte), *bel esprit* in Salons, 1673 Académie française, 1685 Bischof.

59 Jean-Baptiste Massillon (1663-1742), prominenter Prediger, Literaturprofessor, 1717 Bischof, 1719 Académie française.

60 Louis Bourdaloue (1632-1704), Moraltheologe, prominenter Prediger.

61 Niccolò Machiavelli (1469-1527), italienischer Historiograph und Politiker; wichtige politische Schriften:
– "Discorsi sopra la prima deca di Tito Livio", Florenz 1531. Der Verfasser zeigt hier anhand von historischem Material, wie ein Staat groß und stark werden kann; dazu sei ein mächtiger Fürst in einer Republik vonnöten.
– "Il Principe", Rom 1532; Machiavelli lehrt die skrupellose Machtpolitik eines Fürsten ohne Moral.

62 Filinghieri, gemeint ist offenbar der italienische Jurist Gaetano Filangieri (1752-1788). Als Staatsrechtslehrer lehnte er sich an Montesquieu, Rousseau ("Contrat social") und die Physiokraten an; das Ideal einer liberalen Gesetzgebung beschrieb er in seinem siebenbändigen Werk "La scienza della legislazione" (Neapel 1780-85), das gerade von Link ins Deutsche übersetzt wurde (8 Bände, Ansbach 1784-93).

63 Armand-Jean du Plessis, Herzog von Richelieu (1585-1642), französischer Kardinal und Staatsmann. Seit 1624 stand er an der Spitze der französischen Regierung und versuchte, einen gemäßigten Katholizismus mit der Prosperität des Staates in Einklang zu bringen. Er stärkte den französischen Absolutismus im Innern und verfocht eine energische, diplomatische, auch gewissenlose Außenpolitik. Er schuf eine französische Flotte, stärkte den Handel und ließ Frankreich aufblühen.

64 Claude Favre, baron de Péroges, seigneur de Vaugelas (1595-1650), seit 1639 arbeitete er auf Anweisung Richelieus am Wörterbuch der französischen Akademie mit, damit dieses zu einem guten Ende gebracht würde. Im Jahre 1647 veröffentlichte er in Paris seine "Remarques sur la langue française", in denen er sich mit Aussprache, Orthographie, Wortschatz, Syntax und Stil des Französischen beschäftigte. Im Lexikon differenziert er zwischen Dialektwortschatz, poetischen Wörtern, technischen Wörtern, Wörtern einer niederen Stilebene und des Volkes. Oberstes Kriterium für die Beurteilung der Sprache sei der Gebrauch (*usage*), der nach seiner Auffassung aber gut oder schlecht sein kann. Den guten Gebrauch des Französischen findet er in der Sprache des Hofes und bei guten zeitgenössischen Schriftstellern. Vaugelas' Regeln wurden weitgehend von Schriftstellern wie Racine, Boileau u.a. akzeptiert.

65 Dominique Bouhours (1628-1702), französischer Literat, Schöngeist, Jesuit, mondäner Priester, Prinzenerzieher, Sprachkritiker; in seiner sprachlichen Haltung zeichnete er sich als streitbarer Purist aus: so überwarf er sich z.B. mit Ménage.

– "Doutes sur la langue française proposés à M.M. de l'Académie", 1674.

– "Entretiens d'Artiste et d'Eugène", 1671 (2. Stück: "La langue française").

– "Lettres à la Marquise de*** sur le sujet de la Princesse de Clèves", 1678 (Kapitel 3).

– "Critique de l'Imitation de J.-C. traduite par le Sr de Beuil", 1688.

– In den "Mémoires de Trévoux", 1701: "Explication de divers termes français que beaucoup de gens confondent".

In seinen grammatischen Arbeiten weist sich der Père Bouhours deutlich als Schüler, ja als Fortsetzer von Vaugelas aus, wiewohl er teilweise über diesen hinausweist. Immerhin hatte Vaugelas dreißig Jahre früher Furore gemacht, und das Gefühl für die französische Sprache hatte sich weiterentwickelt, war sensibler geworden und wies schon ins 18. Jahrhundert, in die Richtung von Montesquieu oder Voltaire. Wie für Vaugelas so war für Bouhours der Sprachsouverän der *usage* und zwar der Gebrauch (die guten Regeln der Konversation und die Ordnung im Denken) des Hofes (mit allen Unsicherheiten der Fluktuation) sowie der guten Autoren oder des gebildeten Bürgers: *la cour et la ville.* Dabei werden nicht nur Mundarten oder Provinzialismen abgelehnt, sondern auch die Sprache des Volkes. Das Ideal der französischen Sprache des 17. Jahrhunderts bildete ihre Aristokratizität, die auch über die Akzeptanz von neuen Wörtern oder alten Wörtern mit neuer Bedeutung entscheidet. Über den aristokratischen Charakter eines Wortes entschieden im übrigen auch die Damen der guten Gesellschaft des 17. Jahrhunderts; ging es ihnen klaglos über die Lippen, so ging es genauso klaglos in den *usage* über. Bei diesem Übergang setzte die Wächterposition des Grammatikers Bouhours an: er kritisierte mit aller Strenge, er prognostizierte mit aller Vorsicht, Sprachbereicherung war ihm suspekt. Purismus stand auf den Fahnen: Purismus im Wortschatz, Regelmäßigkeit in der Syntax, Klarheit in der Rede. Eine solche Haltung würde freilich à la longue in ihrem Purismus zur Verarmung der Sprache führen. Selbst Sprichwörter wurden der vermeintlich niederen Sprache des Volkes zugerechnet und damit abgelehnt. Obschon die französische Klassik den Regeln von Vaugelas und Bouhours folgte, gab es doch Dichter, die diese Grenzen des Götzen *usage* überwanden: Molière, La Fontaine, La Bruyère, Fénelon.

Im Vergleich zu Vaugelas verurteilt Bouhours synonymische Redundanzen mit dem Hinweis darauf, daß die französische Sprache hier viel exakter als das Lateinische oder Griechische sein müßte. Auch gegen manche unpräzise syntaktische Freiheit, die sich Vaugelas erlaubte, zog Bouhours ins Feld.

Über Bouhours gibt es eine informative Monographie von George Doncieux "Un jésuite homme de lettres au dix-septième siècle. Le père Bouhours", Paris 1886.

66 Pierre Ramus, Pierre La Ramée (1515-1572), französischer Humanist und Philosoph, 1551 Professor der Philosophie und Beredsamkeit am Collége de France. Kriterium der Wahrheit war für Ramus die Vernunft, nicht irgendeine Autorität. Er schrieb eine lateinische (Paris 1559), eine griechische (Paris 1560) und eine französische (Paris 1562) Grammatik.

67 Jean-Baptiste Duval (Du-Val) (starb Nov. 1632 in Paris), Jurist, Orientalist, königlicher Dolmetscher.

– "L'Eschole françoise, pour apprendre à bien parler et escrire, selon l'usage de ce temps & pratique des bons autheurs", Paris 1604.

68 Charles Maupas (17. Jhd.), Arzt in Blois.

– "Grammaire françoise contenant reigles tres certaines et adresse tres asseuree a la naïue connoissance et pur vsage de nostre langue. En faueur des estrangers qui en sont desireux", Bloys 1607.

– "Grammaire et syntaxe françoise contenant reigles bien exactes et certaines de la prononciation, orthographe, construction et usage de nostre langue. En faveur des estrangiers qui en sont désireux", Paris 1618, Lyon 1623, Bloys ^{2}1625, Rouen ^{3}1632.

69 Jean Masset (17. Jhd.), Grammatiker.

– "Exact et tres facile Acheminement a la Langue Francoise. Mis en Latin par le mesme Autheur pour le soulagement des estrangers", Paris 1606.

– id., "aquel ont este adjoustez les proverbes et manieres de parler proverbiales en francois", Geneve 1613.

70 Antoine Oudin (starb am 11.2.1653), königlicher Dolmetscher.

– "Grammaire françoise rapportée au langage du temps", Paris 1632, 1633, 1640; Rouen 1645; Douay 1648; Rouen 1656, 1664.

– "Curiosités françoises, pour servir de supplément aux Dictionnaires", Rouen 1649, 1656.

– "Recherches italiennes et françoises, ou Dictionnaire italien-françois et françois-italien", 2 Bände, Paris 1640.

– "Trésor des deux langues espagnole et françoise, ou Dictionnaire espagnol-françois et françois-espagnol", Lyon 1645.

71 Jean Du Tertre (1637-1697), Professor für Grammatik, Literatur, Philosophie und Theologie.

72 Laurent Chifflet (Chiflet) (1598-1658), Jesuit.

– "Essay d'une parfaite grammaire de la langue françoise", Anvers 1659, ^{2}1664; Paris ^{3}1668; Bruxelles ^{4}1675, ^{5}1677, ^{6}1680; Cologne ^{6}1680; Bruxelles ^{7}1683, ^{8}1688, ^{9}1692, ^{10}1697.

73 Claude Irson (17. Jhd., geb. in der Bourgogne) und Sohn, Grammatiker.

– "Nouvelle Méthode pour apprendre facilement les principes et la pureté de la langue française", Paris 1656, ^{2}1662, ^{3}1667.

74 Robert-Alcide de Bonnecase, sieur de Saint-Maurice (17. Jhd.), Grammatiker.

– "Remarques sur les principales difficultez que les estrangers ont en la langue françoise", Paris 1672, ^{2}1673.

75 René Milleran (geb. 1665), Grammatiker. Er versuchte, ein eigenwilliges orthographisches System einzuführen. Professor für Französisch und Englisch, königlicher Dolmetscher.

– "La Nouvelle grammaire françoise, avec le latin à côté des exemples, divisée en 2 parties, la 1re contient 5 chapitres les plus essentiels de la sintaxe et de la prononciation [...] la 2e la prononciation des consones [...]", Marseille 1692.

– "Les deu grammaire fransoize, l'ordinaire d'aprezant et la plus nouvelle qu'on puise faire sans altere ni change les mo, par le moyen d'une nouvelle ortografe si juste et si facile qu'on peut aprandre la bôté et la pureté de la prononciation en moin de tan qu'il ne fôt pour lire cet ouvrage, par la diférance de karactere qui sont osi bien dans le cors de regle que dan leurs exanple, ce qui e d'otant plu particulie qu'elle son tre facile et incontestable, la prononciation etant la partie la plus esancielle de toute le langue", Marseille 1694.

76 Claude Lancelot (ca. 1615-1695), Jansenist, Port-Royal.

– "Grammaire générale et raisonnée, contenant les fondemens de l'art de parler expliqués d'une manière claire et naturelle" (zusammen mit Antoine Arnault [1612-1694]), Paris 1660, ^{2}1664, ^{3}1676, Bruxelles 1676, Amsterdam 1703, Paris 1709, Erlangen 1746, Paris 1754, 1768, an XI, 1810.

77 François-Séraphin Régnier-Desmarais (1632-1713), Grammatiker und Literat; 1670 Académie française, 1684 secrétaire perpétuel.

– "Traité de grammaire françoise", Paris 1705, 1706, Bruxelles 1706, Amsterdam 1707.

78 Charles Rollin (1661-1741), Schriftsteller, Philosophieprofessor am Collège du Plessis-Sorbonne, 1691 Rektor der Universität, Reformator des Lehrbetriebs, 1701 Académie des inscriptions; jansenistische Positionen. Er war die Autorität auf dem Gebiet der Geschichte des klassischen Altertums.
– "De la manière d'enseigner les belles-lettres par rapport à l'esprit et au cœur", 1726.

79 Pierre Restaut (1696-1764), Jurist.
– "Principes généraux et raisonnés de la grammaire françoise avec des Observations sur l'Orthographe, les accents, la ponctuation et la prononciation", Paris 1730, 1733; Bruxelles 1740; Paris 1741; Lausanne et Geneve 1741; Paris 1745, [5]1749, [6]1750, 1755, [7]1756; Bruxelles 1756; Paris 1758, 1762, 1763, 1764, [9]1766, [10]1768; Amsterdam 1770; Paris [11]1771, 1773, [12]1780, 1781, 1788, 1789, 1794, 1799, an X; Amsterdam 1786; Liege 1780; Frankfurt 1789; Hamburg 1797.

80 Georg Adam Juncker (starb im April 1805), Deutschlehrer an der Pariser Ecole royale militaire.
– "Nouveaux principes de la langue allemande à l'usage des François", Hanau 1760; Frankfurt/M. [2]1762; Paris [3]1768; Strassburg [4]1780, [5]1809.